拍亮中国

目 录 Contents

Prologue

This is another fruitful season, and again I write the prologue for China Advertising Photography Yearbook, which reminds me of the journey we have passed in the advertising photography industry. In 1999, with the motivation of a group of advertising photography lovers, this industry took its first step in China. With the guide of Lightening China with Photos, we worked together for 6 years, and formed the brand new China advertising photography industry. The competitors of the 1st National Advertising Photography Competition now have become the masters of China advertising photography industry. They not only formed their own styles and had their own markets, but also had the capability and strengths to compete with top international commercial photographers. They were honored the awards for China in famous international competitions, and occupied more and more market shares in the fierce market competition. They are the pioneers and founders of China advertising photography industry.

The market is developing dramatically, and the ideas are updating everyday. More and more young people are entering this industry, and bring their new concept, new methods and vigor to this industry. When I acted as a judge of this Competition, what impressed me most is that more and more brand new faces and a little immature creative styles appeared, instead of the familiar names and styles. They are not the photographers that entered this industry with temporary passion, but the professionals with high education background. They are the future and hope as well as the motivity of this industry.

The formation and development of an industry cannot rely on passiononly. It also needs good market environment and the accumulation of knowledge and technology. Now, we have both good market environment and technology equipment with international standards, and the key element that affects the development of this industry is the conception and cognition of the photographer. The accurate cognition of the market and the precise grasp of the characteristics of the products determine the creative level, while the scale and growth of the enterprises depends on the management standard. The development of China°Øs advertising photography industry depends on the concept renovation of the whole industry. The advertising photography industry should be operated with the enterprise management concepts, instead of the old craftsman model. That is the way out for the photographers and the growth of the advertising photography industry

I am a participator and a witness of this industry. I would like to do anything beneficial for the development of China's advertising photography industry. I am pleased with its progress and also contemplated its development. Wish the China Advertising Photography Yearbook could actually become the bridge between the photographers and the business enterprise community, and I sincerely wish that every advertising photographer and the advertising photography industry could make greater and faster progress.

Chen Yong
Director of the Judging Committee of the 6th National Advertising Photography Competition
President of Modern Advertising Magazine
October 2004

序言

又是一个硕果累累的季节，当我拿笔再次为《中国广告摄影年鉴》作序时不禁回想起中国广告摄影所走过的路程。从1999年开始在一群热爱广告摄影人的推动下我们掀开了中国广告摄影的第一页。在“拍亮中国”的引导下我们共同走过了六年的风雨历程，成就了中国广告摄影这个全新的行业。第一届的参赛选手今天已经成为了中国广告摄影大师，他们不仅形成了自己的风格，拥有了自己的市场，也具备了同国际商业摄影大师竞争的实力和资格。他们不仅在国际著名大赛中为中国赢得了荣誉，更在激烈的市场竞争中占有了越来越多的市场份额。他们是中国广告摄影的拓荒者，更是中国广告摄影的奠基人。

市场在飞速前进，观念在每日更新。一批又一批年轻人加入进来，他们为这个行业带来了新观念、新方法、新活力。在参与本届大赛评审时，让我感受最深的是原来熟悉的名字和风格越来越少，代之的是全新的面孔和略带幼稚的创作风格。他们不再是仅凭一时热情“误入歧途”的摄影人，而是，一批接受过正规高等教育的“科班”专业人才。他们是这个行业的未来和希望，他们是推动这个行业的发展原动力。

一个行业的形成和发展仅靠热情是不够的，它需要市场的大环境和知识、技术的积淀。我们现在已经具备了较好的广告市场大环境，也拥有了国际水准的技术设备条件，而影响我们发展的关键要素是摄影师的思想观念和认知水平。对市场的认知和对产品特性的精准把握决定着创作水平；经营管理水平又决定着企业规模和发展。中国广告摄影业的发展，取决于整个行业的观念更新，要摆脱“工匠式”的操作模式，用企业化的管理思维去经营广告摄影，这才是广告摄影人和广告摄影行业做大做强的出路所在。

我是这个行业发展的参与者和见证人，我愿意为广告摄影行业发展做点点滴滴的小事。我为它的进步而欣喜，也为它的徘徊而沉思。让《中国广告摄影年鉴》真正成为摄影师与工商界、企业界沟通的桥梁。我衷心祝愿每一个广告摄影人和中国广告摄影行业取得更大更快的进步。

本届广告摄影大赛评委会主任
现代广告杂志社社长　陈 永

2004年10月

推荐摄影师
Recommended Photographers

Les Studio 李氏广告

SINCE 1994

013005177368

地址:广州市中山大道骏景花园骏翔轩G座201
电话:8620-84218171 84218172 84218101
传真:8620-84218172转13 邮编:510630
e-mail:lesstudio@163.com kkii33@163.com

NOKIA
CONNECTING PEOPLE
诺基亚
NOKIA
NOKIA 3610
功能表
电话簿
NOKIA
NOKIA 2100
功能表
通讯录

BEYOND COLOR
PERFECTING FOUNDATION
FOND DE TEINT PERFECTION
WITH NATURAL MATCH TECHNOLOGY
AVEC TECHNOLOGIE NATURAL MATCH
30ml 1 FL OZ
BEYOND COLOR
PERFECTING FOUNDATION
FOND DE TEINT PERFECTION
WITH NATURAL MATCH TECHNOLOGY
AVEC TECHNOLOGIE NATURAL MATCH
30ml 1 FL OZ

美的 Midea

Les Studio 李氏广告
Gh
GrandHigh
Dream Paris
Gh GrandHigh Standard

美的 Midea

Les Studio 李氏广告
AUTO MANUEL
CLOCK SET
PRESET
CHILD LOCK
POPCORN
QUICK
BREAK

张善夫

上海市广告协会理事
上海市广告专业摄影委员会副主任
首届全国广告摄影优秀作品展“全国十佳摄影师”称号
第二届全国广告摄影优秀作品展“最佳摄影金奖”、“全国十佳摄影师”
第三届全国广告摄影优秀作品展“全国十佳摄影师”称号
第四届全国广告摄影优秀作品展评委
第五届中国摄影创作金像提名奖
第六届中国摄影创作金像奖

上海三维应用摄影技术研究所
地址：上海市西康路1518弄16号9楼
电话：021-62765709
传真：021-62995537
邮编：200060
Email: sanweishanfu@21cn.com

超越者

Passat

PASSAT V6

New Look
유행색

THE BLUE HYDRANT
Photography & Art
藍 獅 子
leo yu 余衛聯
(852) 9106 7757
蘇有朋 不再乖
全新全真全心國語專輯 Alec Su :.
不只深情
深情推介:
粵語主打歌曲 深情 國語熱播歌曲 來生緣
CD現正全城熱賣

藍 獅 子 THE BLUE HYDRANT Photography & Art

《以純時裝廣告》

leo yu 余衛聯 | (852) 9106 7757

designed by ADVEN Production
Tiny Workshop
Ground Floor
7A Chancery Lane
Central ▪ Hong Kong
小 影 室
香港中環贊善里7A地下
Grand Workshop
Rm 310 ▪ Chai Wan Ind. City
Phase 2 ▪ 70 Wing Tai Road
Chai Wan ▪ Hong Kong
影 廠
香港柴灣永泰路70號
柴灣工業城2期310室
Tel (852) 2869 4556
(852) 2898 8854
Fax (852) 2898 4242
email
tbh@netvigator.com
website
www.bluehydrant.com
china mobile
86 131 4383 1155
藍 獅 子
THE BLUE HYDRANT Photography & Art
leo yu 余衛聯 | (852) 9106 7757

净含量:500mL
WULIANGYE
五粮液
中国
净含量:500mL
酒精度:52%(V/V)
五粮液
WULIANGYE YIBIN CO.,LTD.
宜宾五粮液股份有限公司
宜宾五粮液股份有限公司
WULIANGYE YIBIN CO.,LTD.

PREMIER JOUR

PREMIERJOUR

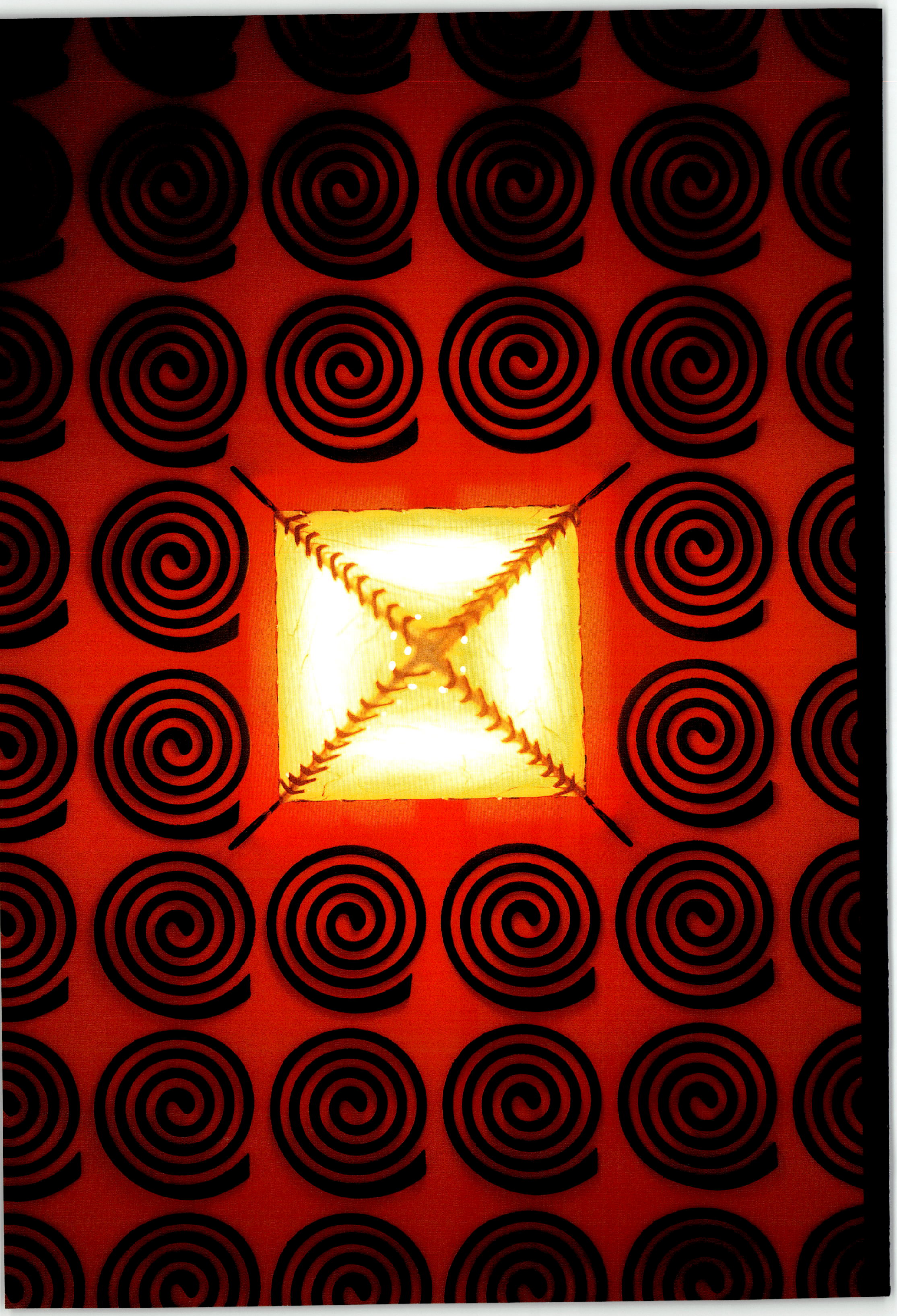

NESCAFÉ

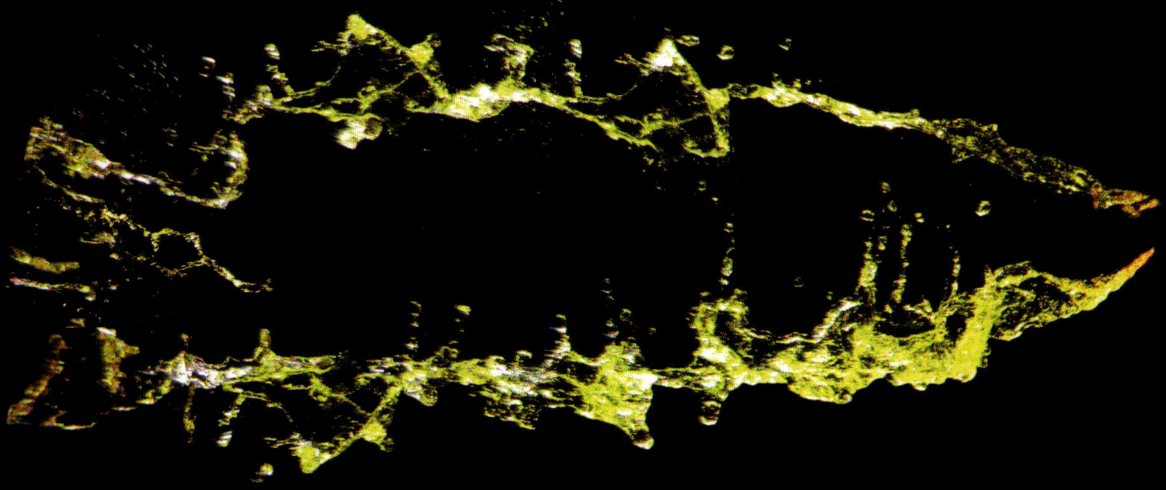

宝来

Zarva

钟建军 1972年生于河南焦作。曾就读于郑州大学广告摄影专业，后在北京电影学院进修图片摄影专业。现在北京。自由职业摄影师。有多年服务广告、设计类公司相关静物、人像、画册等专业图片拍摄经验。电话：13911073442 E-mail: kengong121@163.com

刘嘉楠
北京服装学院传媒艺术中心摄影指导
2002年及2003年全国十佳广告摄影师
电话：010-64288285
手机：13911627139
E-mail:Jiangxi1234@263.net

3-dvision.com.cn

Qian Jin Photo Studio

TEL:010-65013844 MOB:13601282925 E-MAIL:qj@ml.ctei.gov.cn

3-dvision.com.cn
Qian Jin Photo Studio

TEL:010-65013844 MOB:13601282925 E-MAIL:qj@ml.ctei.gov.cn

3-dvision.com.cn
Qian Jin Photo Studio

TEL:010-65013844 MOB:13601282925 E-MAIL:qj@ml.ctei.gov.cn

Nikon
COOLPIX
4100
ZOOM NIKKOR

香港柴湾永泰道70号柴湾工业城2期21楼2102室　电话:(852) 2891 7061　传真:(852) 2891 7086

摄影：王大成 黄映华 钟厚诚

本田飞度

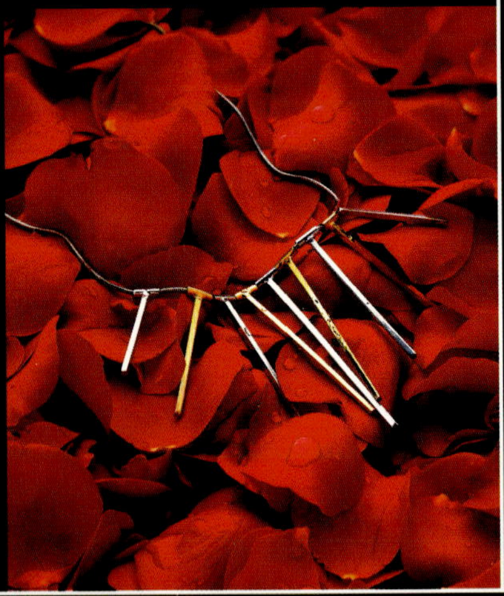

李霁晨 广东·惠州 设计＆摄影
手机：13809663177 E-mail：ljichen@tom.com

TCL

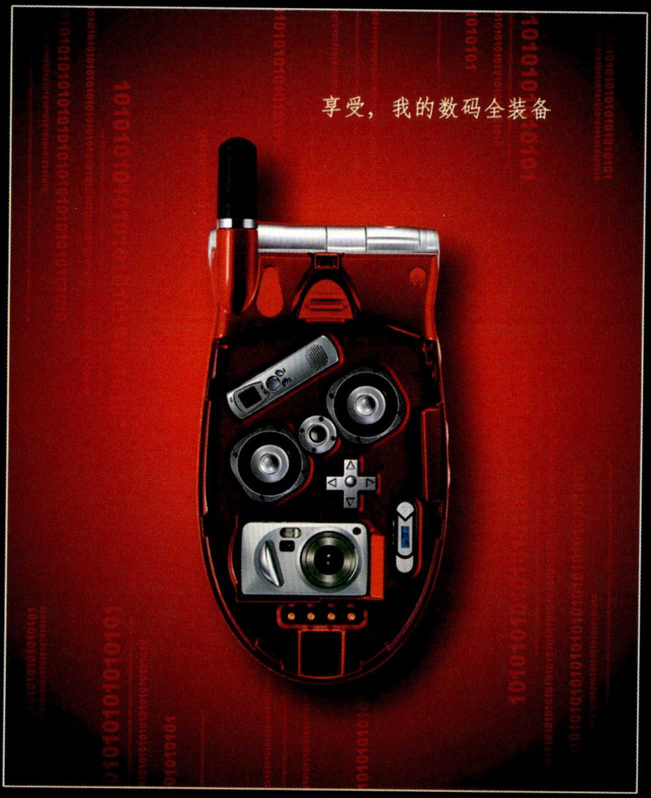
享受，我的数码全装备

TCL

我的水
我的生活
我有我享法 雀巢飘蓝

不 动 也 动

SONY
VAIO
自在。自强。

好色，不只是男人专利。
91种时尚色彩，满足与众不同的你。
菲林格尔家居 木地板系列
选择·别样生活
Vöhringer
菲林格尔

做运动，做自己
逛街让我感受时尚，运动让我成为时尚

李玮锋
要出线，
也要出锋头！

中国移动通信
CHINA MOBILE
一个好网络的价值，
在于它的覆盖，能包容成就。
网罗黄金商机，全球通助你成就大业。
全球通
GoTone

BAND-AID
邦迪牌

宋波　“映像行”摄影视觉传播机构　多年来，曾为“NIKE”、“Coca-cola”、“SIEMENS”、“PHILPS”、“SONY”、“PEPSI”、“ADIDAS”、“KFC”、“麦当劳”、“百威”、“雀巢”、“中国电信”等商业品牌及“BENETTON”、“逸飞”、“彬彬”、“罗蒙”、“LAVICO”、《ELLE》、《风采》、《大都市》、《瑞丽》、等时装品牌及杂志拍摄各类时尚人物海报宣传照，也曾为张曼玉、刘若英、王祖贤、林欣茹、萧亚轩、伊能静、胡兵、任泉、李冰冰、陈龙、范冰冰、姚明、李铁、郭晶晶等等明星拍摄封面及宣传照片。

停

摄影：孙华阳

单位：鞍山太平洋实业有限公司
地址：鞍山市铁东区湖南街155号
手机：13019633577
邮编：114004

王显东

电　话：13926108566
E-mail：wxd@sise.com.cn

现任职于广州大学华软软件学院．毕业于南京艺术学院商业摄影专业，并曾师从美国南卡罗来那州克来姆森大学艺术终身教授SAM·WANG，及英国安迪教授研究艺术摄影与商业摄影。

一直致力尝试商业摄影表现语言的多样性。

能精确完成摄影前期的高质量拍摄，进行数字后期的精良制作．近年在为众多企业、事业单位拍摄照片、图片后期处理等工作。

曾获国家级二等奖、国家级三等奖、国家级优秀奖、省级一等奖、省级二等奖、省级三等奖等。

作品《静物》、《花》、《灵谷寺》等多次在国家级、省级专业刊物中发表。

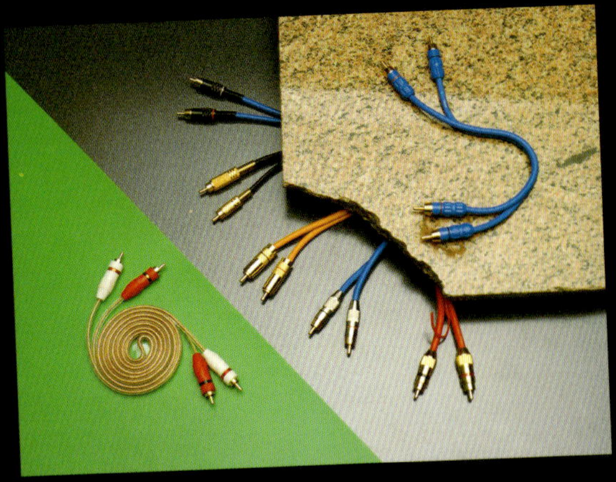

叶大英　联系电话: 13801081959

奔驰

扬子04款SUV

昌河铃木·北斗星

哈飞赛马

广州本田 · 飞度

陆虎 · 发现者

葉　康
YEKANG

广州市金雅典广告有限公司
Add：广州市海珠区新港中路
丽影华庭第一座1004室
Mobile：13802733661
Tel：(020)34052577
Fax: (020)34052972
P.C: 510310
http://www.chgkkk.com
E-mail：yekang@chgkkk.com

摄影棚：
广州金雅典 · 珠影汽车摄影棚
Tel:(020)34317148

广州本田画册封面

华阳汽车

标致 · 607

戴 翔 Dai Xiang

Tel:022-81620773 Mobile：13702021127

E-mail：humanbeingdx@sohu.com

Add：天津工业大学艺术设计学院摄影工作室

P. c：300160

舞者

盖不住的魅力

紫色空间

王俊杰　俊杰专业广告摄影机构

毕业于西安美术学院版画系摄影专业
浙江省摄影家协会会员，
浙江省广告摄影专业委员会委员，
浙江省摄影艺术研究会会员，
国家高级摄影师。

□ “凤凰光学”摄影教育奖励基金首届“人才奖”
□ 第三十九届国家沙龙摄影大赛黑白组金奖。
□ “中华万岁”全国大学生书画摄影艺术作品展金奖。
□ 浙江省首届广告摄影大赛铜奖
□ “凤凰.乐凯杯”全国摄影艺术作品展银奖等全国各类奖项，有数幅摄影作品发表于各报刊杂志。

俊杰专业广告摄影机构地址：浙江省绍兴市司狱使前 9 号 2 楼　电话：013675757185　0575-8801856　15225234 邮编：312000

古越龙山
中国驰名商标
状元红
酒
营养黄酒
490ml

汤生广告摄影作品
苏州远大广告设计有限公司
苏州市阊胥路450号金盈商楼5F
电话：0512-65521828 62092463
13706131863 Wyf40378@pub.sz.jsinfo.net
4
5
6
7
8
9
10
11
12
13

寻根

汤生广告摄影作品
苏州远大广告设计有限公司
苏州市阊胥路450号金盈商楼5F
电话：0512-65521828 62092463
13706131863 Wyf40378@pub.sz.jsinfo.net

冯晓辉 冯晓辉摄影写真屋 高级摄影师 中国摄影家协会会员 1999 年北京电影学院图片摄影专业毕业
手机: 13021056245 地址: 北京市海淀区中关村南大街 12 号中国农业科学院土壤肥料研究所
电子信箱: fengxiaohui1231@vip.sina.com

Salvador Dali
SALVADOR

林其勉 温州市卡罗婚纱摄影公司 温州市人民西路湖滨东楼 78 号 0577-88265180 13505777076

陈学强 手机：13609047952 电话：020-83597126 83578626 传真：020-83578626 E-mail:TandT_Photo@126.com

PEPSI sports
型动足球
www.besco.com.cn
M
TLE
对 决

麥安民 AnMing Mai

Tel: 013302230558
013332693396

- 广州市广告协会广告摄影师专业委员会会员
- 清华大学美术学院商业摄影专业
- 2003年度全国十佳广告摄影师
- 2003年度全国广告摄影大赛两座银奖
- 2003年度"中国优秀摄影家"称号
- 2004年第39届国际广告大会中国广告摄影精品展
- 2004年中国(广州)十佳时尚摄影师称号
- 北京首届广告人艺术作品大赛广告摄影金奖

Miido
麦安民摄影设计工作室
Photography & Design Studio

- Guangzhou institute of Professional Photographers under the Guangzhou Advertising Society(GZIPP) Member
- Graduated from the Academy of Arts and Design, Qinghua University, major is Commercial Photography
- Top 10 China Ad. photographer in 2003
- Won two Silver Medal on the Advertising Photography Competition of China, 2003
- Awarded as China Excellent Photographer 2003
- Works showed on the Exhibition of China Advertising photography Collections of the 39th IAA World Congress, 2004
- Awarded as Top 10 Fashion Photographer of the International Fashion Week (Guangzhou)China, 2004
- Gold Cup of the First Advertising Photography Competition in Beijing

Add:广州市东莞庄路5号丽晴居C座401室
Room 401, Tower C,Dongguanzhuang Rd, Tianhe District, Guangzhou
http://www.miido.com E-mail:miido@126.com miido@miido.com

中拓布艺 Cloth Sofa

广帝典雅家具 Elegant Furniture

商业摄影

FAST COMMERCIAL PHOTOGRAPHY CENTRE

飞时达商业摄影中心

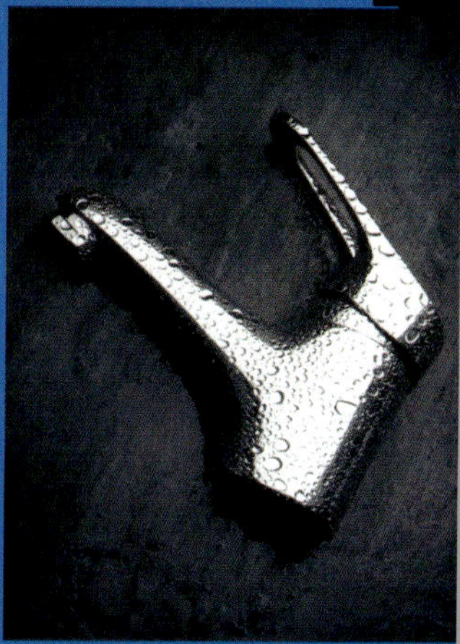

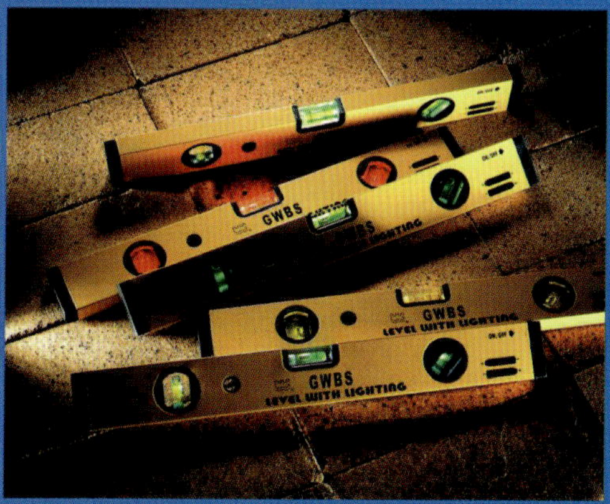

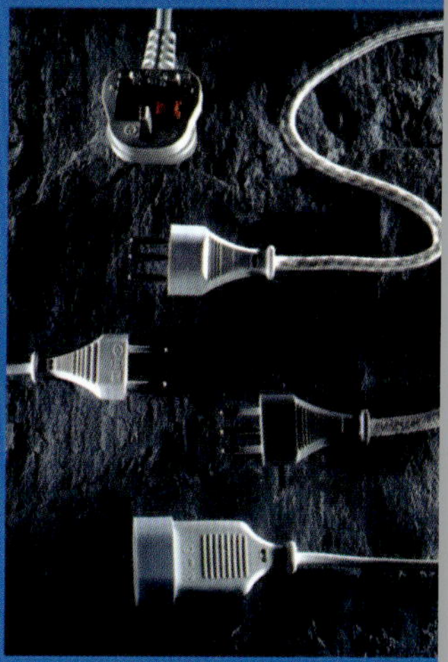

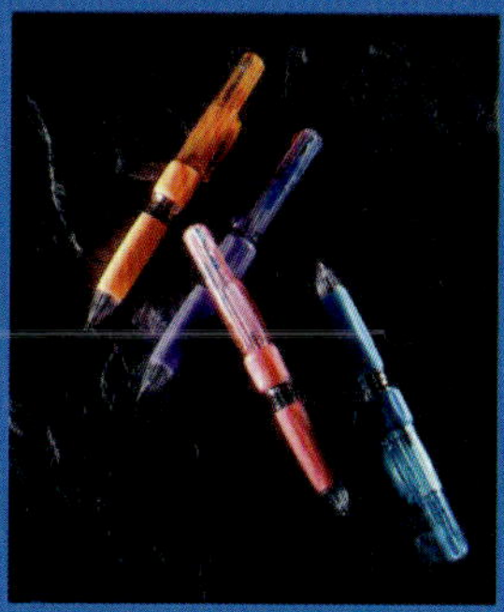

第六届全国广告摄影大赛
获奖作品

Winning works of the 6th National Advertising
Photography Competition

第六届全国广告摄影大赛评审团

陈　永
现代广告杂志社
社长

吴常云
中国摄影杂志社
主编

司苏实
人民摄影报社
原总编

梁　越
北京电通广告有限公司
创意总监

招秉恒
北京灵智精实广告有限公司
创意总监

程　樯
北京电影学院摄影学院
副院长

产品类
Product Category

金奖 作品名:黑袋 摄影师: 吴伟文

银奖 ○ 作品名：发根，至关男人的命根 摄影师：陈汉全

银奖 ○ 作品名：唉，算啦吧　摄影师：陈汉全

铜奖 ○ 作品名：享受，我的数码全装备 摄影师：李霁晨

铜奖 ○ 作品名：Angel-1 摄影师：陈汉全

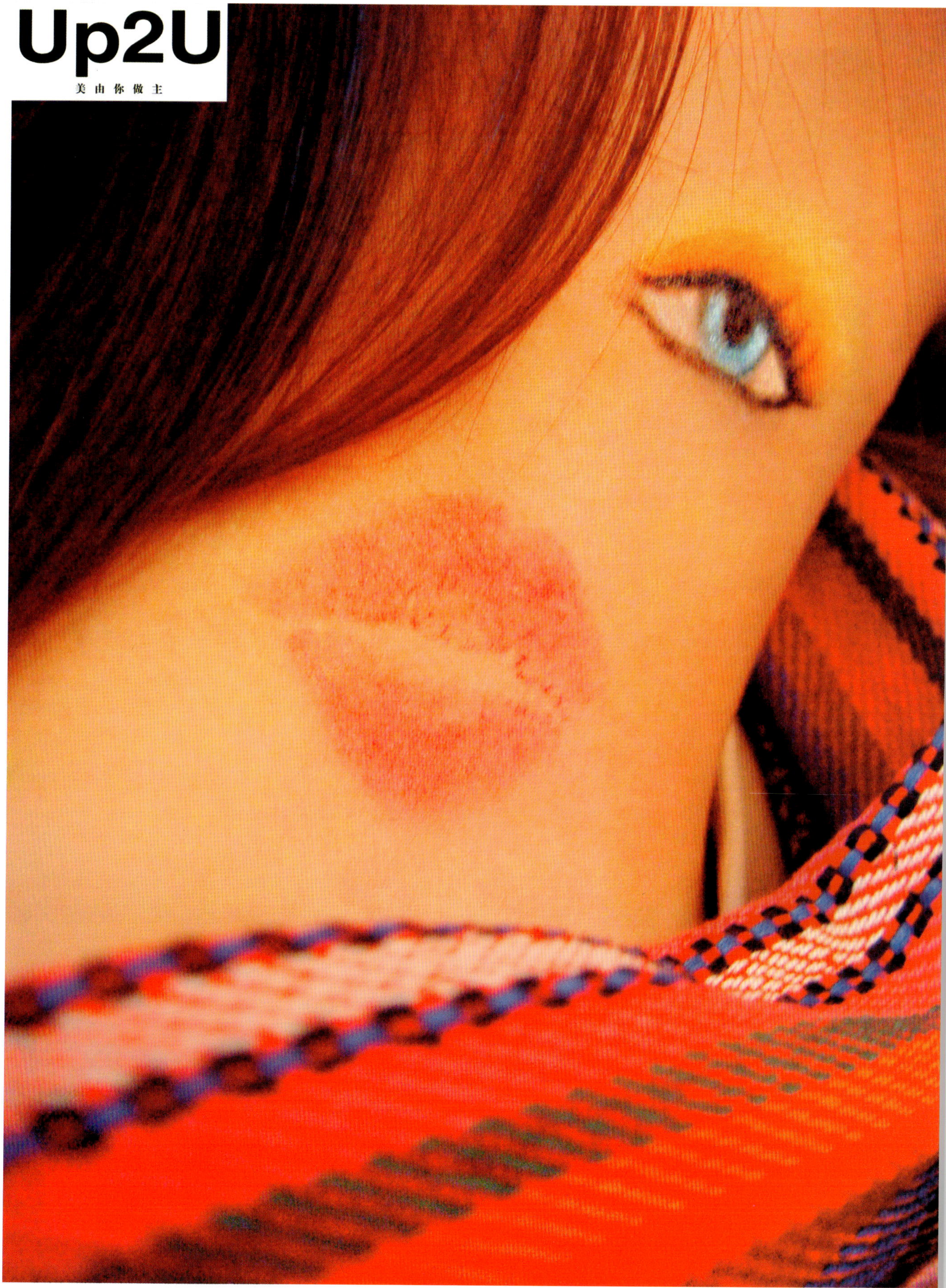

铜奖 ○ 作品名：美欲篇 摄影师：易晓露 谢仲辉

优秀奖 ○ 作品名：轻盈如碟 摄影师：刘国添

优秀奖 ○ 作品名：绅士印象——雪茄 摄影师：王大成

优秀奖 ○ 作品名：意大利风情　摄影师：万诚

优秀奖 ○ 作品名：珠绣鞋　摄影师：陈永辉

优秀奖 ○ 作品名：云仙　摄影师：万诚

优秀奖 ○ 作品名: Bulb Hair 摄影师: 陈汉全

优秀奖 ○ 作品名：蓝达圈尺 摄影师：郑跃华

优秀奖 ○ 作品名：凝聚恒美 摄影师：李霁晨

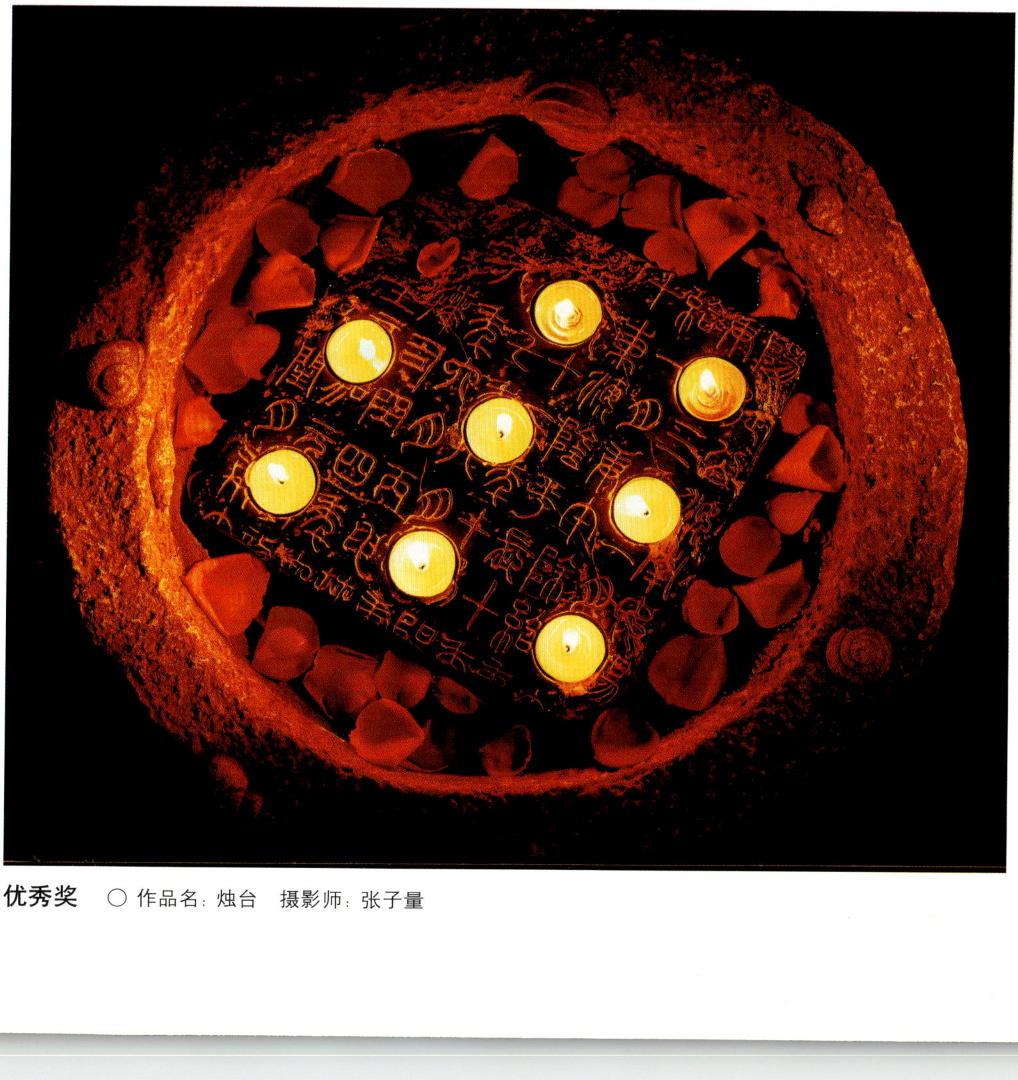

优秀奖 ○ 作品名：烛台 摄影师：张子量

优秀奖 ○ 作品名：激情沸腾 摄影师：陈伟标

优秀奖 ○ 作品名：Grants 情　摄影师：陈伟标

优秀奖 ○ 作品名：橙情飞溢　摄影师：陈伟标

优秀奖 ○ 作品名：Motorola广告 摄影师：余卫联

优秀奖 ○ 作品名：驰骋 摄影师：陈伟标

优秀奖 ○ 作品名：辣椒面 摄影师：高仕源

优秀奖 ○ 作品名：简约布艺 摄影师：麦安民

优秀奖 ○ 作品名：不留痕迹 摄影师：谭伟明

优秀奖 ○ 作品名：高能的肥料——丹芭碧 摄影师：谢伟凡

优秀奖 ○ 作品名：雅筑家品之一 摄影师：蔡锐生

优秀奖 ○ 作品名：雅筑家品之二 摄影师：蔡锐生

优秀奖 ○ 作品名：纯生——竹笋篇 摄影师：李楚益

优秀奖 ○ 作品名：干杯　摄影师：李楚益

交通工具类
Vehicle Category

银奖 ○ 作品名：你又晒，我又晒 摄影师：陈汉全

银奖 ○ 作品名：宝马 Z4 汽车　摄影师：林旭东

银奖 ○ 作品名：日产汽车 摄影师：谢伟凡

铜奖 ○ 作品名：马自达 摄影师：周浩

铜奖 ○ 作品名：赛纳——雪山之二 摄影师：周浩

铜奖 ○ 作品名：赛纳——风神 摄影师：周浩

优秀奖 ○ 作品名：赛纳——雪山之一 摄影师：周浩

优秀奖 ○ 作品名：奔驰汽车 摄影师：叶康

优秀奖 ○ 作品名：如履平地 摄影师：陈汉全

商业人像及饰品类
Commercial Portrait and Ornament Category

金奖 ○ 作品名：钻石项链 -LAVA2　摄影师：张超

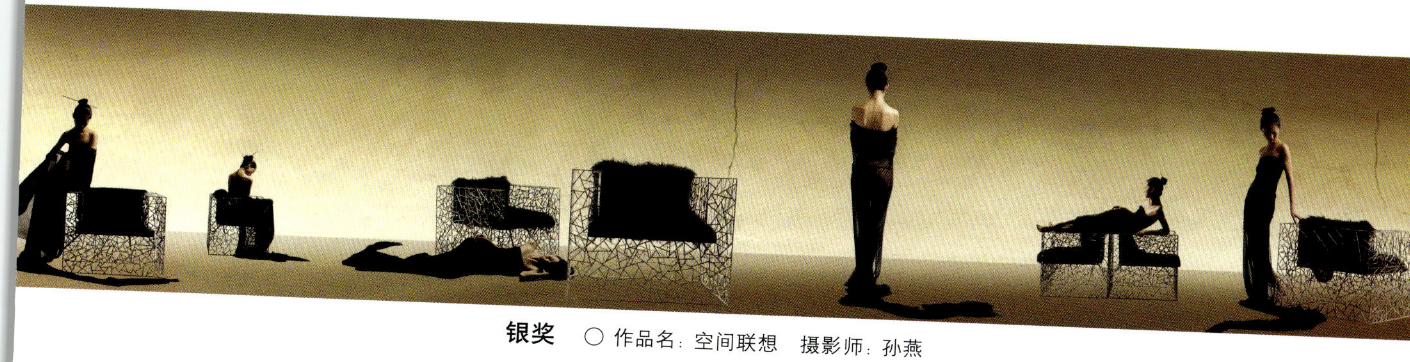

银奖 ○ 作品名：空间联想　摄影师：孙燕

铜奖 ○ 作品名：紫色-2　摄影师：宋波

铜奖 ○ 作品名：时尚造型 摄影师：范华

铜奖 ○ 作品名：银钻 摄影师：李楚益

铜奖 ○ 作品名：走过　摄影师：王晓东

铜奖 ○ 作品名：雨夜　摄影师：王晓东

优秀奖 ○ 作品名：藏女服饰　摄影师：齐鸿

优秀奖 ○ 作品名：服装　摄影师：王华彪

优秀奖 ○ 作品名：朝华MP3 摄影师：钟建军

优秀奖 ○ 作品名：距离之美 摄影师：李霁晨

优秀奖 ○ 作品名：莲 摄影师：李霁晨

优秀奖 ○ 作品名：看得见的风景 摄影师：冯燕云

优秀奖 ○ 作品名：mymoment 品牌服装（一） 摄影师：张卓

优秀奖 ○ 作品名：mymoment 品牌服装（二） 摄影师：张卓

优秀奖 ○ 作品名：funiea 春夏品牌服装　摄影师：张卓

优秀奖 ○ 作品名：黑辫子　摄影师：冯晓辉

优秀奖 ○ 作品名：salyuia 春夏品牌服装 摄影师：张卓

优秀奖 ○ 作品名：salyuia 秋冬品牌服装 摄影师：张卓

优秀奖 ○ 作品名：Tracy-left 摄影师：张超

优秀奖 ○ 作品名：暖风 摄影师：周冰

优秀奖 ○ 作品名："红色情挑" 系列之一 摄影师：宋波

优秀奖 ○ 作品名：雀巢 "我的生命我的水" 摄影师：宋波

优秀奖 ○ 作品名：Strip-VI 摄影师：刘嘉楠

优秀奖 ○ 作品名：羽 摄影师：文建军

优秀奖 ○ 作品名：壹潮流　摄影师：谢伟凡

优秀奖 ○ 作品名：黑人　摄影师：范华

优秀奖 ○ 作品名：晾晒心情 摄影师：王晓东

优秀奖 ○ 作品名：Jeep 休闲服 摄影师：梁智韬

优秀奖 ○ 作品名：无题系列 摄影师：孙燕

旅游及城市服务类
Tour and Townie Service Category

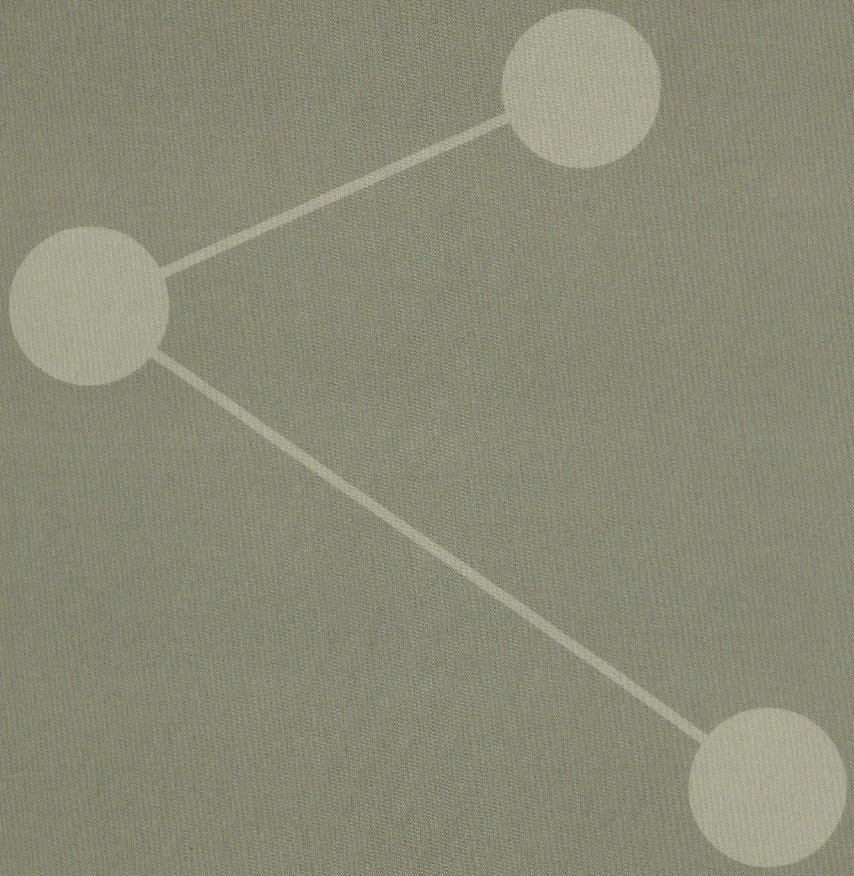

金奖 ○ 作品名：安徽宏村　摄影师：孔林光

银奖 ○ 作品名：肥变瘦　摄影师：吴伟文

银奖 ○ 作品名：坝上游·情感篇——秋天的童话 摄影师：黄永照

铜奖 ○ 作品名：西域梦幻之天界 摄影师：周冰

铜奖 ○ 作品名：珠海御温泉形象篇　摄影师：梁智韬

铜奖 ○ 作品名：上海建筑载体之金茂 摄影师：张子量

铜奖 ○ 作品名：上海建筑载体之中银 摄影师：张子量

优秀奖 ○ 作品名：苏州印象——篮　摄影师：王丰

优秀奖 ○ 作品名：云南元阳梯田　摄影师：孔林光

优秀奖 ○ 作品名：中国桂林　摄影师：孔林光

优秀奖 ○ 作品名：坝上游 · 情感篇——深秋 摄影师：黄永照

优秀奖 ○ 作品名：坝上游 · 情感篇——夕阳醉了 摄影师：黄永照

优秀奖 ○ 作品名：坝上游 · 情感篇——云语 摄影师：黄永照

优秀奖 ○ 作品名：云南游 · 元阳篇——仙境　摄影师：黄永照

优秀奖 ○ 作品名：云南游 · 元阳篇——天上人间　摄影师：黄永照

优秀奖 ○ 作品名：悠闲阅读 摄影师：丘劲锋

优秀奖 ○ 作品名：西域梦幻之游龙 摄影师：周冰

公益及企业形象类

Commonweal and Enterprise's Image Category

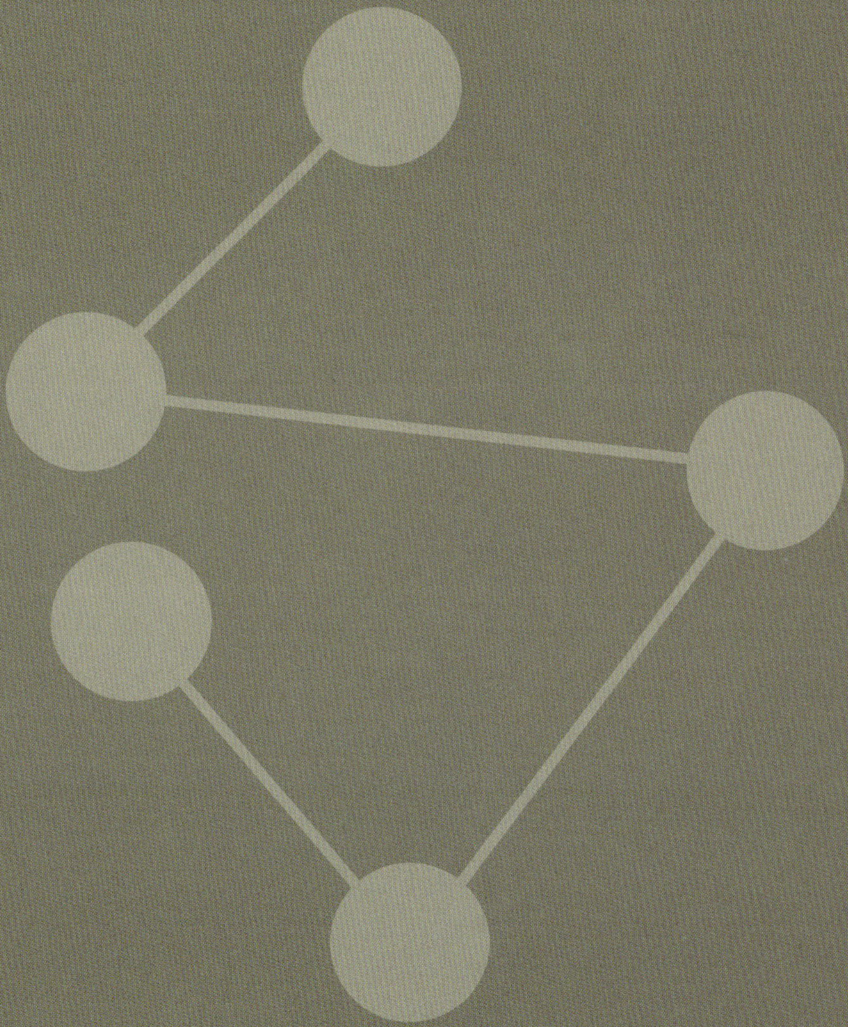

最佳创意奖　金奖　○ 作品名：一触即“发”　摄影师：戴翔

银奖 ○ 作品名：童年的记忆玩具篇——货郎鼓 摄影师：张玉庆

银奖　○ 作品名：不可思议-3　摄影师：刘国添

铜奖 ○ 作品名：平常心 竹叶青 摄影师：齐鸿

铜奖 ○ 作品名：鸟巢　摄影师：冯新力

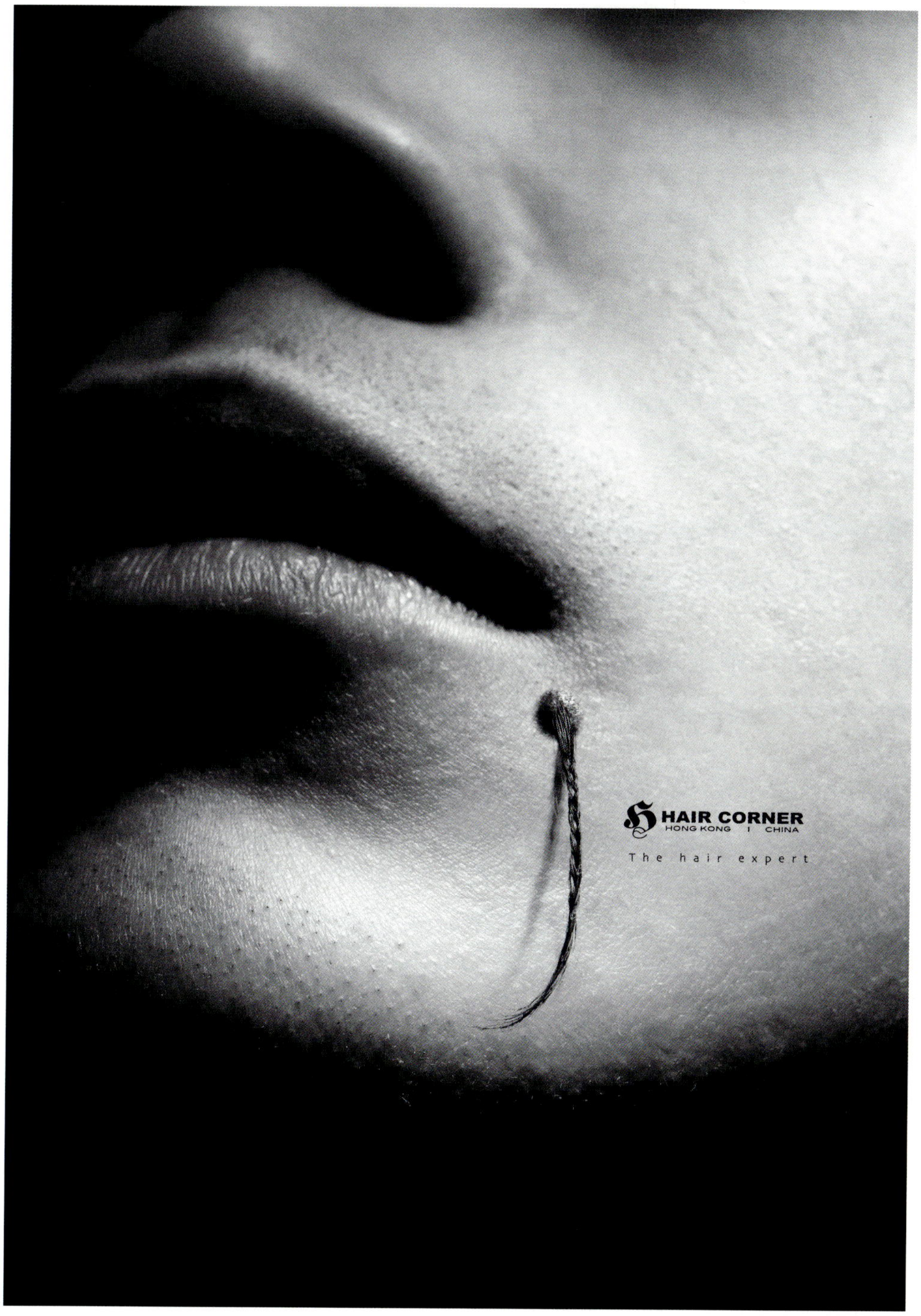

铜奖 ○ 作品名：Hair Expect 摄影师：陈汉全

优秀奖 ○ 作品名：健 摄影师：陈汉全

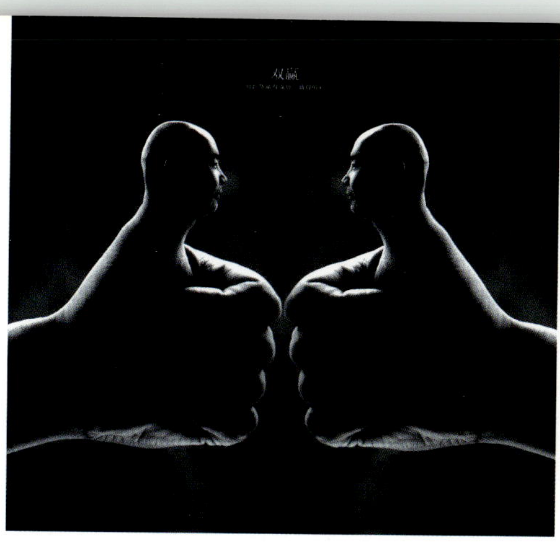

优秀奖 ○ 作品名：双赢 摄影师：冯新力

优秀奖 ○ 作品名：绿色的呼唤 摄影师：郁剑

优秀奖 ○ 作品名：瞠目结舌 摄影师：冯新力

优秀奖 ○ 作品名："鸡仔唛"童装形象篇 摄影师：梁峰

优秀奖 ○ 作品名：是金子总是会发光 摄影师：陈伟标

优秀奖 ○ 作品名：警钟 摄影师：张穗扬

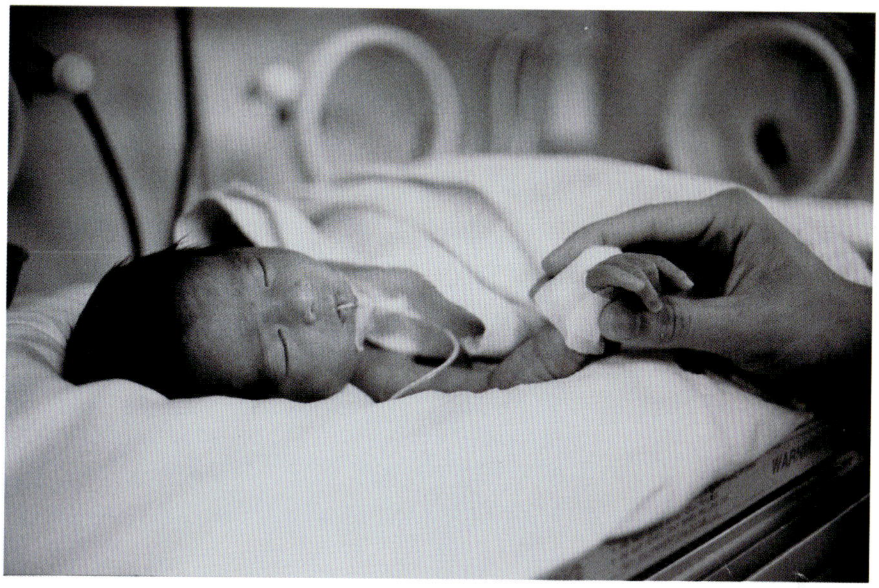

优秀奖 ○ 作品名：香港医管局 摄影师：余卫联

2004年度全国十佳广告摄影师

2004 Annually National Top 10 Advertising Photographers

黄永照

中国摄影家协会会员
广东省摄影家协会会员
新会摄影学会副会长
第九、十、十一连续三届全国人像摄影大赛优秀奖获得者。
第四届全国广告摄影大赛铜奖获得者
第五届全国广告摄影大赛银奖、铜奖获得者

陈汉全

1993年在香港成立工作室Garry Studio，擅长商业人像及静物摄影，作品在国内外广告节皆屡获奖项，并长期在广告刊物上发表。

张卓

生于吉林长春，后移居深圳
现任深圳市妙图摄影设计公司
艺术总监、首席摄影师

张超

专注于企业形象及珠宝摄影
香港专业摄影师公会会长

宋波

1998 年底 创办全人时装摄影工作室，先后赴英国、香港、新加坡、泰国、日本等国家和地区与当地时装及商业摄影师交流学习

2001 年 应“首届中国时尚展”主办方邀请，举办了个人时尚作品展

2002 年在“中国第四届广告摄影优秀作品展”上获中国十佳摄影师称号

2003 年在“中国第五届广告摄影优秀作品展”上蝉联中国十佳摄影师称号

吴伟文

职业摄影师(香港)
1984 年毕业于香港理工学院摄影系
1992 年自组 Ray Man Photography 摄影室至今,
1994 年开始使用数码摄影技术
2003 年度全国十佳广告摄影师

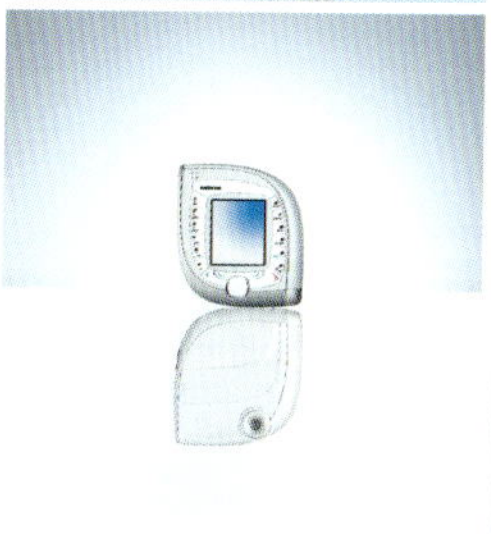

陈学强

获首届全国广告摄影展铜奖，
获二届高坚滤镜大赛广告类铜奖
获 2000 年全国广告摄影展中银奖、铜奖
参加电影《极度险情》剧照拍摄制作
获第五届全国广告摄影展获银奖
广州市广告摄影师摄影协会常委

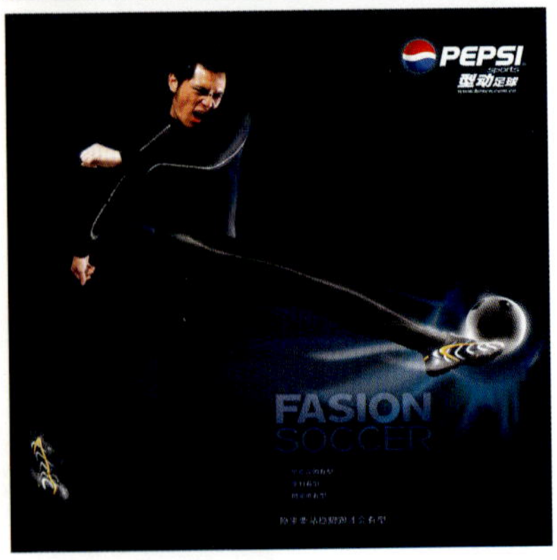

范华

中国国际艺术家协会会员

中国艺术摄影学会会员

广州市广告摄影师专业委员会会员

2003 年获："十佳时尚摄影师" 最高奖 "金像奖"

2003 年获第五届全国优秀广告摄影大赛银奖及铜奖

2003 年被评为 "中国优秀时尚摄影师"

2004 年获全国第 21 届艺术摄影展，商业类金，银铜三大奖

蔡锐生
2001—2002 任职于广州市丰彩广告有限公司
2003 至今任职于广州市骏豪广告有限公司
专长于家俱拍摄，静物摄影

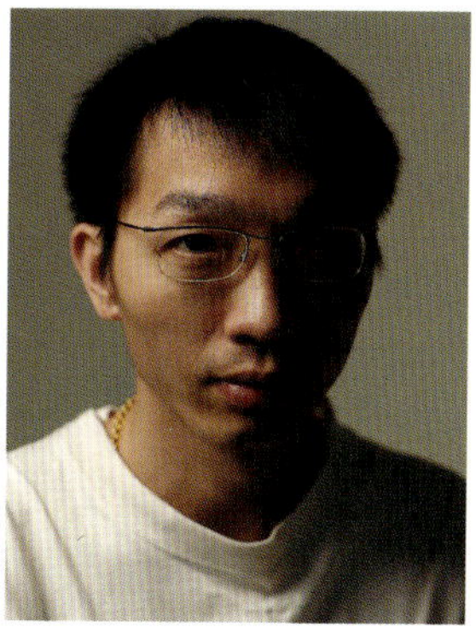

梁智韬

1997—2004 任职于广州市骏豪广告有限公司

擅长时装摄影、广告人像

第五届全国广告摄影大赛
获奖作品

Winning works of the 5th National Advertising

Photography Competition

第五届全国广告摄影大赛评审团

陈 永

《现代广告》杂志主编

路盛章

北京广播学院动画学院院长
戛纳广告节评委

胡黎明

广州道恩广告有限公司总经理
中国著名商业摄影师

薛振添

麦肯光明(北京)公司创意总监

Daniel lim(大牛)

盛世长城国际广告有限公司执行创意总监

苏民安

清华大学美术学院摄影教研室主任

家用电器类
Household Electric Appliances

银奖 ○ 作品名：争先恐后　摄影师：吴伟文

银奖 ○ 作品名：纵横　摄影师：苏卫

fo = 40Hz
= 1.01
Loudspeaker

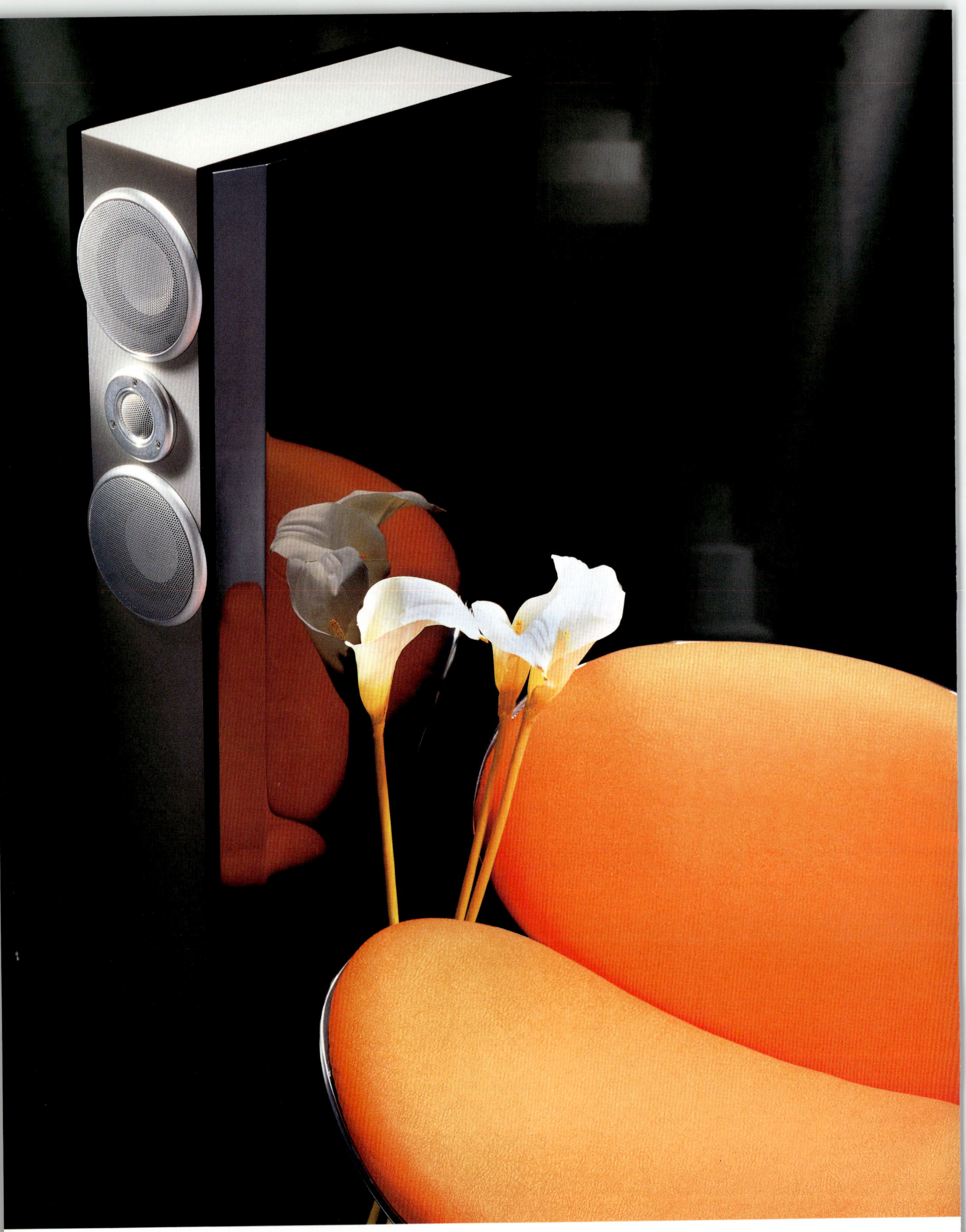

铜奖 ○ 作品名：如镜环响　摄影师：苏卫

铜奖 ○ 作品名：聚——太阳能热水器采光管 摄影师：张玉庆

优秀奖 ○ 作品名：猎音者之一 摄影师：范华

交通工具类
Vehicle Category

最佳摄影奖　银奖　○ 作品名：保时捷　摄影师：张子量

CHE-AUDI
KVILLE
SCHE
KVILLE

铜奖 ○ 作品名：爱不释手　摄影师：万诚

铜奖 ○ 作品名：PORSCHE BOXSTER 摄影师：刘嘉楠

铜奖 ○ 作品名：OPEL SPEEDSTER 摄影师：刘嘉楠

优秀奖 ○ 作品名：BMW 3 SERIES 摄影师：刘嘉楠

优秀奖 ○ 作品名：HYUNDAI 摄影师：刘嘉楠

优秀奖 ○ 作品名：FIAT BARCHETTA 摄影师：刘嘉楠

优秀奖 ○ 作品名：世纪彩虹 摄影师：汪大刚

食品饮料及医药保健类

Food/Beverages/Healthcare Products/Medicine

金奖 ○ 作品名: 健力宝爆果汽 摄影师: 黄柏闻

银奖 ○ 作品名：我的纹身 摄影师：陈汉全

银奖 ○ 作品名：清 · 爽　摄影师：贺建华

铜奖 ○ 作品名：点心 摄影师：蓝健强

铜奖 ○ 作品名：渴 摄影师：张玉庆

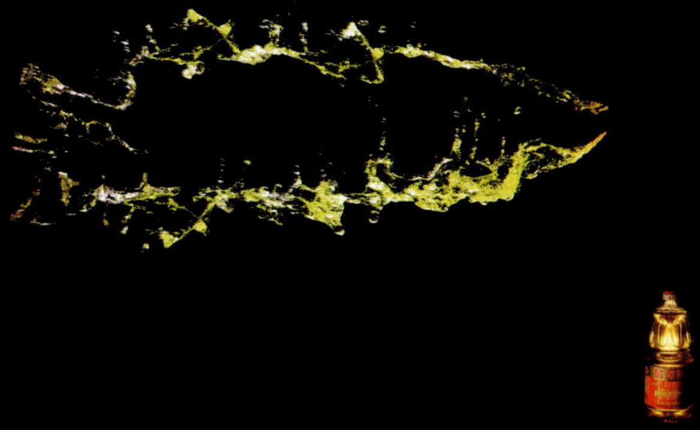

优秀奖 ○ 作品名：金龙鱼　摄影师：万诚

优秀奖 ○ 作品名：涌动　摄影师：万诚

优秀奖 ○ 作品名：生命之泉 摄影师：万诚 陆栋杰

优秀奖 ○ 作品名：茶香 摄影师：万诚 刘嘉军

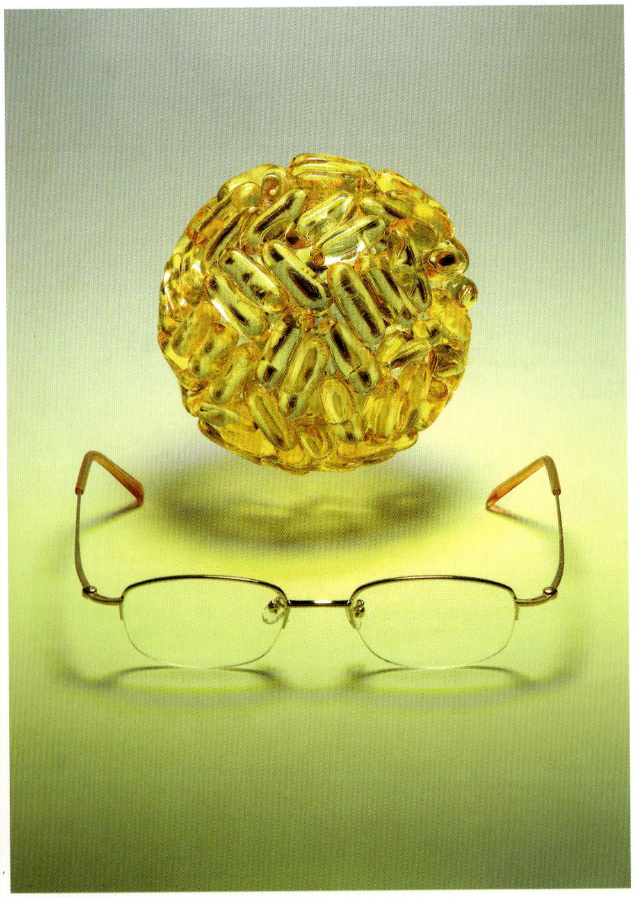

优秀奖 ○ 作品名：健康的意义 摄影师：万诚

优秀奖 ○ 作品名：万花镜　摄影师：万诚

优秀奖 ○ 作品名：田园之乐 摄影师：万诚

优秀奖 ○ 作品名：香火轮 摄影师：万诚

优秀奖 ○ 作品名：万国香辛 摄影师：万诚

优秀奖 ○ 作品名：雀巢 摄影师：万诚

优秀奖 ○ 作品名：“独特的环境，独特的品质”系列作品　摄影师：冯新力

贺兰山
干白葡萄酿酒
独特的环境中成长
品质自然与众不同

9559
贺兰山
干白葡萄酿酒
独特的环境中成长
品质自然与众不同

贺兰山
干白葡萄酿酒
独特的环境中成长
品质自然与众不同

优秀奖 ○ 作品名：酒艺　摄影师：张子量

ABSOLUT
Country of Sweden
CITRON
Absolut Citron is made from natural citrus flavors and vodka distilled from grain grown in the rich fields of southern Sweden. The distilling and flavoring of vodka is an age-old Swedish tradition dating back more than 400 years. Vodka has been sold under the name Absolut since 1879.
40% ALC./VOL. (80 PROOF) 750 ML.
IMPORTED
G&G
GOETHE
DEUTSCHER X.O.
SCOTLAND
nt's
OLD

优秀奖 ○ 作品名：暖味　摄影师：田斌

优秀奖 ○ 作品名：青岛啤酒〝COOL〞牌 330ML 系列海报 摄影师：沈春航

优秀奖 ○ 作品名：CARLSERG 啤酒 摄影师：麦安民

优秀奖 ○ 作品名：暗香浮动 摄影师：朱旭

优秀奖 ○ 作品名：金位麦片（蔬果味） 摄影师：贺建华

优秀奖 ○ 作品名：共赏 摄影师：吴文军

个人及家庭用品类

Personal and Household Goods

银奖 ○ 作品名：家具饰品　摄影师：麦安民

银奖 ○ 作品名：唐风休闲椅 摄影师：麦安民

银奖 ○ 作品名：Bright 明亮　摄影师：张超

银奖 ○ 作品名：Hot热情　摄影师：张超

银奖 ○ 作品名：春天的少女梦想　摄影师：姚健堃

铜奖　○作品名：情感下的璀璨光芒　摄影师：姚健堃

铜奖 ○作品名：唯美嘉露化妆品　摄影师：黄柏闻

铜奖　○ 作品名：幽香　摄影师：万诚 刘嘉军

铜奖　○ 作品名：彩晶原石之雀巢欢歌　摄影师：贺建华

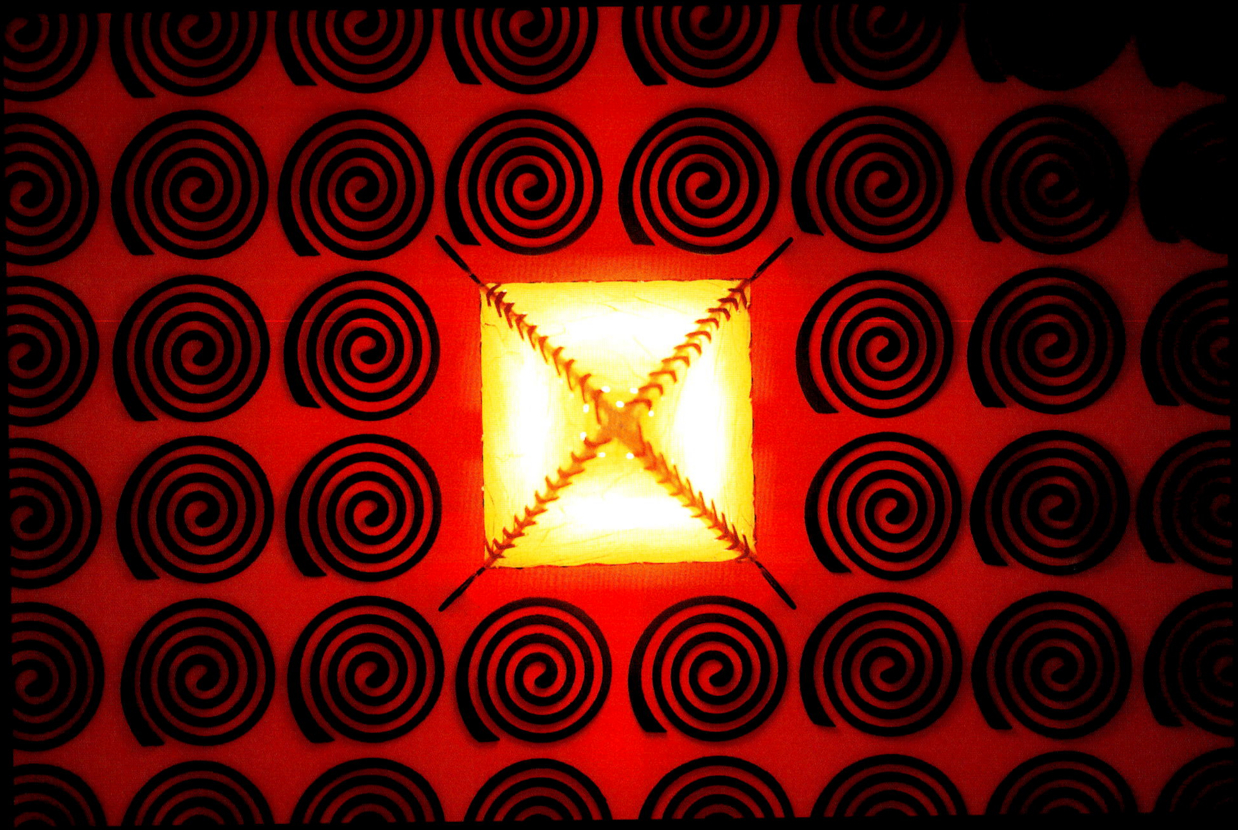

铜奖 ○ 作品名：缘　摄影师：万诚 陆栋杰

优秀奖 ○ 作品名：力度 摄影师：万诚

优秀奖 ○ 作品名：彩晶石首饰之入画 摄影师：贺建华

优秀奖 ○ 作品名：中国木扇 摄影师：张子量

优秀奖 ○ 作品名：晶石吊坠之秋水涟漪 摄影师：贺建华

优秀奖 ○ 作品名：澳洲黑珍珠之鸡蛋篇 摄影师：贺建华

优秀奖 ○ 作品名：彩晶原石之蝶之舞 摄影师：贺建华

优秀奖 ○ 作品名：对映（红宝石钻戒） 摄影师：贺建华

优秀奖 ○ 作品名：海韵－澳之宝三色珍珠 摄影师：贺建华

优秀奖 ○ 作品名：K金手镯　摄影师：贺建华

优秀奖 ○ 作品名：钻石手镯　摄影师：贺建华

优秀奖 ○ 作品名：情节（钻石项链）　摄影师：贺建华

优秀奖 ○ 作品名：晶石吊坠之倩影　摄影师：贺建华

优秀奖 ○ 作品名：晶石吊坠之时尚叹号　摄影师：贺建华

优秀奖 ○ 作品名：澳之宝黑珍珠之海洋篇　摄影师：贺建华

优秀奖 ○ 作品名：彩晶石钻戒　摄影师：贺建华

优秀奖 ○ 作品名：晶石吊坠之狐步舞　摄影师：贺建华

优秀奖 ○ 作品名：情遇——钻石对戒 摄影师：贺建华

优秀奖 ○ 作品名：Pretty 美丽 摄影师：张超

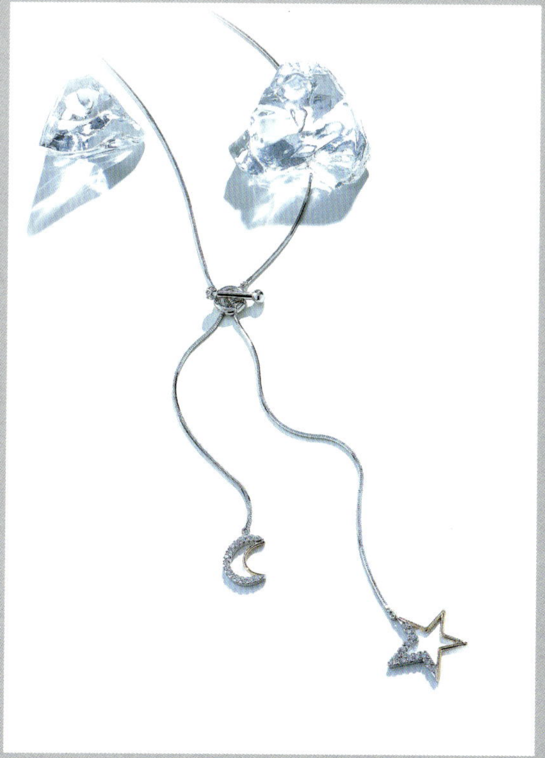

优秀奖 ○ 作品名：Cool 冷冷 摄影师：张超

优秀奖 ○ 作品名：Pure 纯净 摄影师：张超

优秀奖 ○ 作品名：沙发之一　摄影师：麦安民

优秀奖 ○ 作品名：沙发之二　摄影师：麦安民

优秀奖　○ 作品名：ARDENBEAUTY 香水　摄影师：麦安民

优秀奖　○ 作品名：坚固牙齿　摄影师：谭伟明

优秀奖 ○ 作品名：香巢 摄影师：苏卫

优秀奖 ○ 作品名：发回归 摄影师：叶康

优秀奖 ○ 作品名：不锈钢产品 摄影师：黄永照

优秀奖 ○ 作品名：尹姬　摄影师：叶康

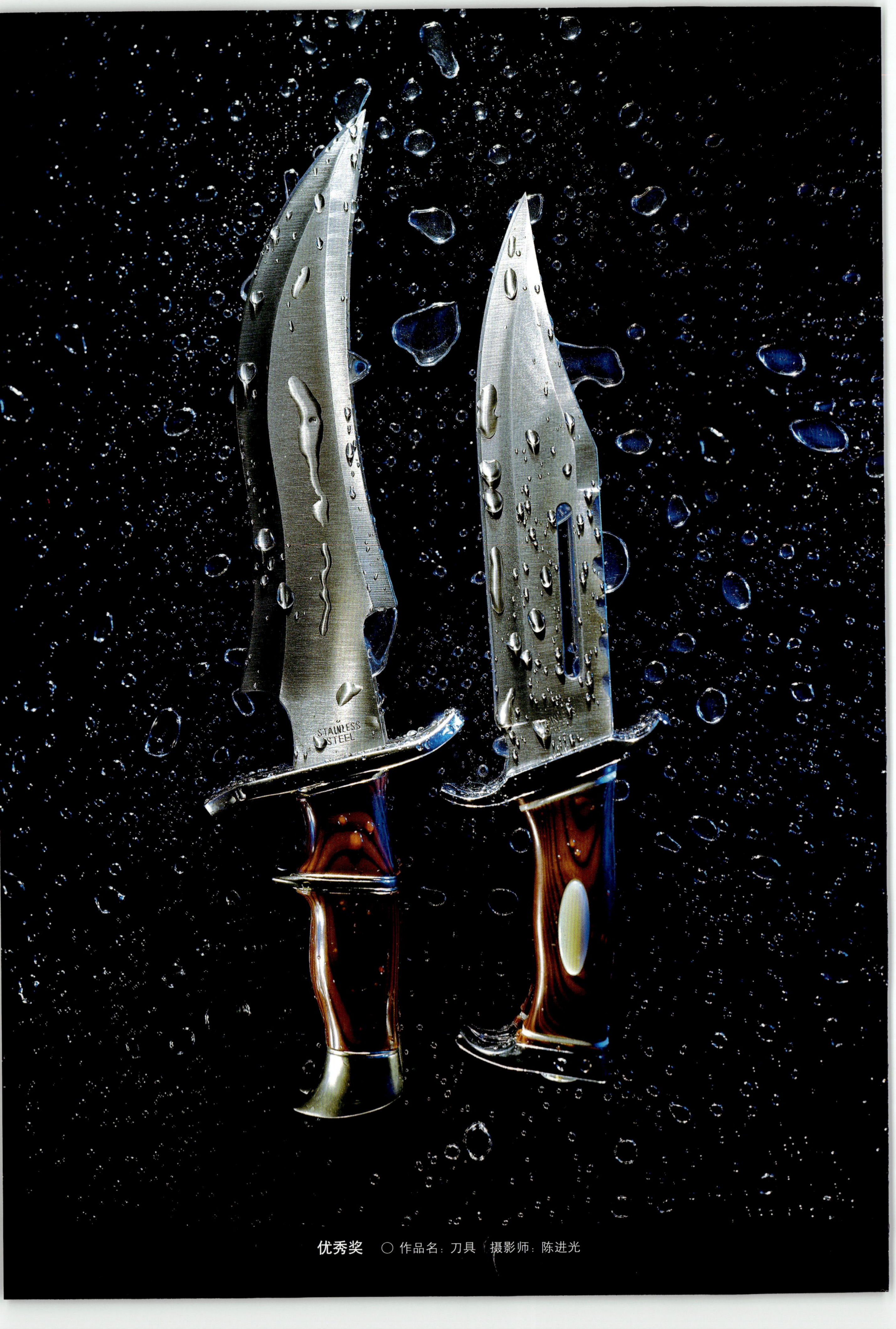

优秀奖 ○ 作品名：刀具 摄影师：陈进光

优秀奖　○ 作品名：指南针　摄影师：杨捷

优秀奖　○ 作品名：皮鞋　摄影师：黄柏闻

优秀奖 ○ 作品名：挂坠－菲妮博莎　摄影师：周晓因

优秀奖 ○ 作品名：红瓣上的罗曼舞曲　摄影师：姚健堃

优秀奖 ○ 作品名：珠宝静物　摄影师：文建军

优秀奖 ○ 作品名：冷冻调理刀　摄影师：张玉庆

商业人像及服装类
Commercial Portrait and Costume

金奖 ○ 作品名：西武春装 摄影师：吴伟文

银奖 ○ 作品名：时尚——鞋之二 摄影师：陈学强

铜奖 ○ 作品名：福山服装　摄影师：赵阳

铜奖 ○ 作品名：傲丽依歌　摄影师：叶康

铜奖 ○ 作品名：落难贵族的女儿（二） 摄影师：**姚健堃**

铜奖 ○ 作品名：时装 摄影师：范华

优秀奖 ○ 作品名：时装人物组照“情断巴黎”之三 摄影师：宋波

优秀奖

○ 作品名：皑梵：银钻系列　摄影师：李楚益

优秀奖

○ 作品名：皑梵：珍珠系列　摄影师：李楚益

优秀奖 ○ 作品名：男冬装系列(一) 摄影师：李楚益

优秀奖 ○ 作品名：石怪 摄影师：张浚浩

优秀奖 ○ 作品名：沉醉幻想的少女 摄影师：姚健堃

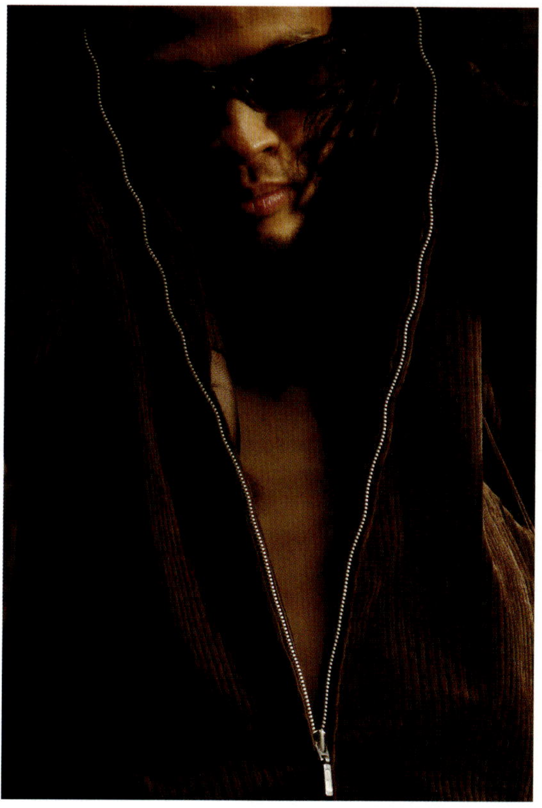

优秀奖 ○ 作品名：男冬装系列(二) 摄影师：李楚益

优秀奖 ○ 作品名：落难贵族的女儿（一） 摄影师：姚健堃

优秀奖 ○ 作品名：时装人物组照“情断巴黎”之四
摄影师：宋波

优秀奖 ○ 作品名:时装人物组照“爱米莉的梦想世界”之一
摄影师:宋波

优秀奖 ○ 作品名：时装人物组照“舞者”之一
摄影师：宋波

优秀奖 ○ 作品名：金属人体之二 摄影师：范华

优秀奖　○ 作品名：男人不怕衬衫多　摄影师：贺建华

优秀奖 ○ 作品名: £¤BAIGNEWRS£' 摄影师：科阿德.莱奥纳尔

优秀奖 ○ 作品名：衬衫 摄影师：赵阳

优秀奖 ○ 作品名：永远 摄影师：苏卫

优秀奖 ○ 作品名:〃舒适——如度假中〃 摄影师:陈汉全

办公设备及通讯事务类
Office Equipment and Communication

银奖 ○ 作品名：体贴入微 摄影师：陈汉全

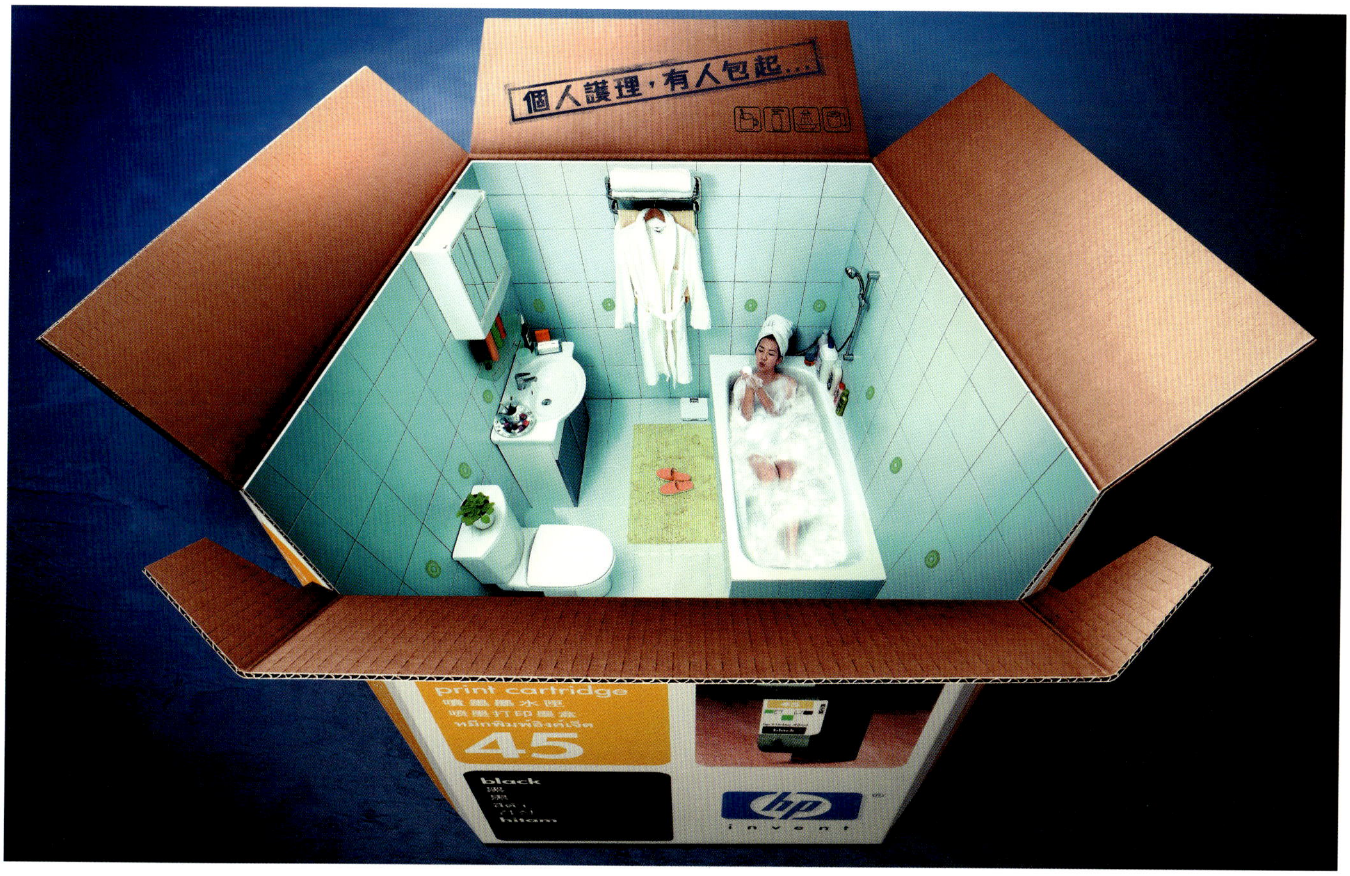

银奖 ○ 作品名：体贴入微 摄影师：陈汉全

银奖 ○ 作品名：私家院线 摄影师：吴伟文

铜奖 ○ 作品名：大显手机之二 摄影师：赵阳

铜奖 ○ 作品名：畅游 摄影师：贺建华

铜奖 ○ 作品名：珍爱 摄影师：贺建华

铜奖 ○ 作品名：和弦新乐章　摄影师：贺建华

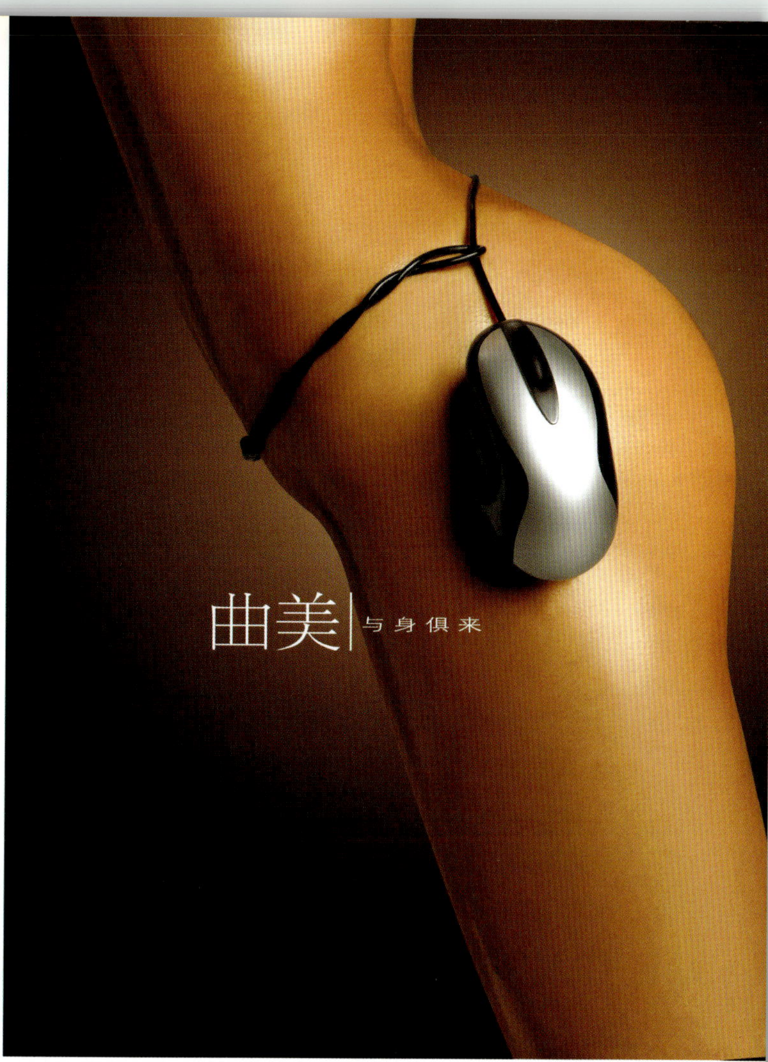

铜奖 〇 作品名：曲线之美　摄影师：范华

优秀奖 〇 作品名：落英　摄影师：贺建华

优秀奖 ○ 作品名：女人的手袋 摄影师：贺建华

优秀奖 ○ 作品名：弦桥手机 摄影师：叶康

优秀奖 ○ 作品名：大显手机之一　摄影师：赵阳

优秀奖 ○ 作品名：诺基亚3210手机（跑道篇）　摄影师：兴颉　徐亦菲

旅游及商业服务类
Tour and Business Services

银奖 ○ 作品名：水乡码头（城市形象之六） 摄影师：汤生

银奖 ○ 作品名：西部风情之初到圣地 摄影师：黄永照

铜奖 ○ 作品名：落日塘鹅 摄影师：王琛

铜奖 ○ 作品名：西部风情之喜玛拉雅 摄影师：黄永照

铜奖 ○ 作品名：古墙夜色（城市形象之一） 摄影师：汤生

优秀奖 ○ 作品名：清塘水绣（城市形象之四） 摄影师：汤生

优秀奖 ○ 作品名：老树人家（城市形象之二） 摄影师：汤生

优秀奖 ○ 作品名：古韵今声（城市形象之七） 摄影师：汤生

优秀奖 ○ 作品名：门洞透光影（城市形象之十） 摄影师：汤生

优秀奖 ○ 作品名：画船听雨声（城市形象之九） 摄影师：汤生

优秀奖 ○ 作品名：庭院深静（城市形象之三） 摄影师：汤生

优秀奖 ○ 作品名：西部风情之布达拉宫 摄影师：黄永照

优秀奖 ○ 作品名：西部风情之稻城风韵 摄影师：黄永照

优秀奖 ○ 作品名：西部风情之乡间小景 摄影师：黄永照

优秀奖 ○ 作品名：西部风情之林芝秋色 摄影师：黄永照

优秀奖 ○ 作品名：西部风情之珠峰神彩 摄影师：黄永照

优秀奖 ○ 作品名：连绵火烧山 摄影师：王琛

优秀奖 ○ 作品名：边陲冬韵（一） 摄影师：王琛

优秀奖 ○ 作品名：冰湖绝裂 摄影师：王琛

优秀奖 ○ 作品名：骏马 摄影师：王琛

优秀奖 ○ 作品名：额尔济斯河畔 摄影师：王琛

优秀奖 ○ 作品名: 边陲冬韵（三） 摄影师: 王琛

优秀奖 ○ 作品名: 聆听远古 摄影师: 王琛

优秀奖 ○ 作品名：春天的色彩 摄影师：王琛

优秀奖 ○ 作品名：雪凝 摄影师：王琛

优秀奖 ○ 作品名：无题 摄影师：王琛

优秀奖 ○ 作品名：守望 摄影师：王琛

优秀奖 ○ 作品名：纽西兰塘鹅 摄影师：王琛

房地产类
Real Estate

金奖 ○ 作品名：爱！！ 摄影师：莫敬泉

银奖 ○ 作品名：金茂系列之一　摄影师：汪大刚

银奖 ○ 作品名：拉开天窗 摄影师：吴伟文

铜奖 ○ 作品名: SKY TOWER 摄影师: 陈汉全

铜奖 ○ 作品名：鼓摇人 摄影师：吴伟文

铜奖 ○ 作品名：别墅晨光　摄影师：白骏

优秀奖 ○ 作品名：金茂系列之五 摄影师：汪大刚

优秀奖 ○ 作品名：金海岸系列之二 摄影师：汪大刚

优秀奖 ○ 作品名：东方明珠　摄影师：张子量

优秀奖 ○ 作品名：金茂系列之四 摄影师：汪大刚

优秀奖 ○ 作品名：金茂系列之三 摄影师：汪大刚

优秀奖 ○ 作品名：别墅夜色 摄影师：白骏

文教类
Culture and Education

银奖 ○ 作品名：好看.不怕黑眼圈——男生篇 摄影师：刘勇

银奖 ○ 作品名：好看.不怕黑眼圈——女生篇　摄影师：刘勇

银奖 ○ 作品名：色彩风暴（之一） 摄影师：范华

铜奖 ○ 作品名：重庆晚报“无助篇”之一 摄影师：刘勇

铜奖 ○ 作品名：重庆晚报“无助篇”之二 摄影师：刘勇

铜奖 ○ 作品名：重庆晚报“无助篇”之三　摄影师：刘勇

铜奖 ○ 作品名：重庆晚报〞无助篇〞之四 摄影师：刘勇

优秀奖 ○ 作品名：生命之歌 摄影师：蓝建强

公益及其他类

Public Services and Others

最佳创意奖／金奖　○ 作品名：猎头之一　摄影师：陈汉全

金奖 ○ 作品名：猎头之二 摄影师：陈汉全

银奖 ○ 作品名：儿童练习篇之一 摄影师：刘勇

银奖　○ 作品名：儿童练习篇之二　摄影师：刘勇

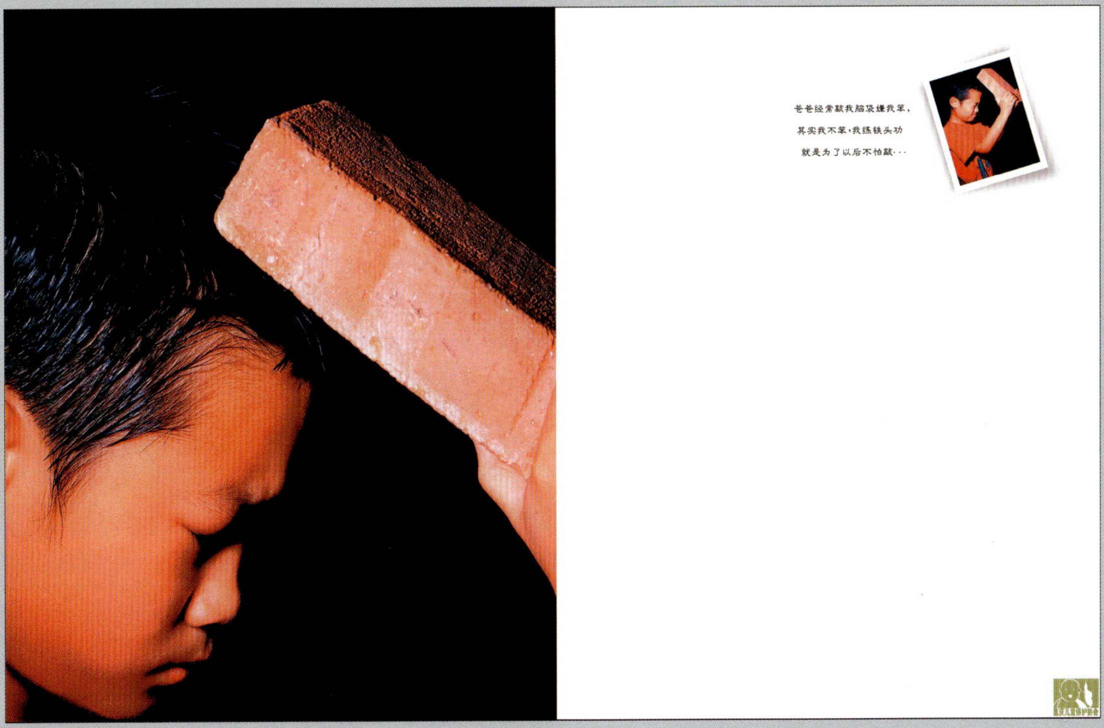

银奖　○ 作品名：儿童练习篇之三　摄影师：刘勇

铜奖 ○ 作品名：四指山　摄影师：吴伟文

铜奖　○ 作品名：冰冷的家　摄影师：陈汉全

优秀奖 ○ 作品名：远古编钟　摄影师：叶康

优秀奖 ○ 作品名：不要吸烟 摄影师：黄柏闻

优秀奖 ○ 作品名：反战 摄影师：刘影

主题创作类

Theme Creative Category

铜奖 ○ 作品名：眼镜鱼 摄影师：张浚浩

铜奖 ○ 作品名：眼镜青蛙 摄影师：张浚浩

铜奖 ○ 作品名：跳跃　摄影师：汤生

铜奖 ○ 作品名：动力之源 摄影师：冯新力

优秀奖 ○ 作品名：辣的风土　摄影师：万诚

优秀奖 ○ 作品名：转笔刀　摄影师：冯新力

优秀奖 ○ 作品名：月圆花好　摄影师：万诚

优秀奖 ○ 作品名：吸——资源是有限的 摄影师：张玉庆

优秀奖 ○ 作品名：构成 摄影师：陈进光

2003年度全国十佳广告摄影师

2003 Annually National Top 10 Advertising Photographers

贺建华
职业摄影师
深圳市摆渡人摄影设计有限公司执行创意
总监兼首席摄影师
2001～2003年全国广告摄影大赛
获"全国十佳广告摄影师"称号

麦安民
2003年获得年度"全国十佳广告摄影师"称号

刘嘉楠

北京服装学院传媒艺术中心摄影指导

2002 年及 2003 年全国十佳广告摄影师

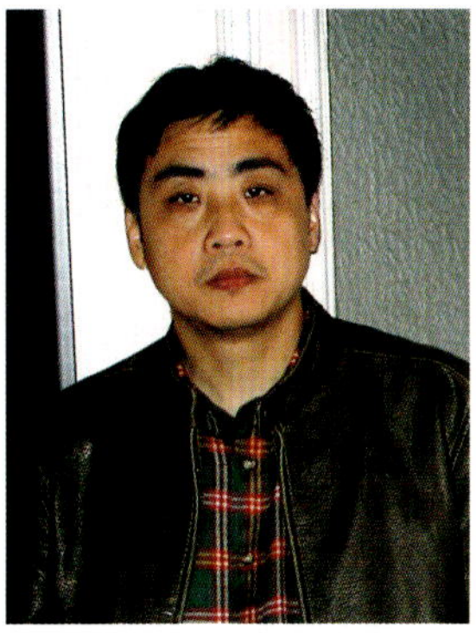

汤生

2003年度全国十佳广告摄影师

创办苏州远大广告设计有限公司，任艺术总监兼广告摄影师

刘勇

2000 年，创立重庆刘勇商业摄影工作室

2003 年被评为全国十佳广告摄影师

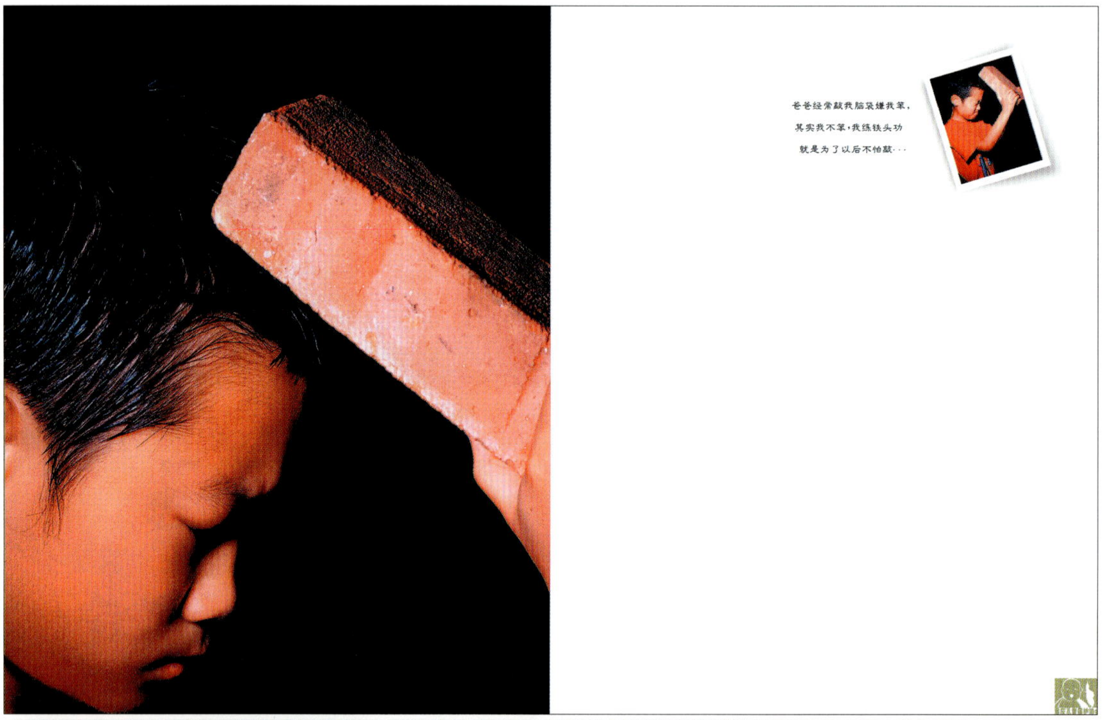

王琛
深圳市新翔广告印务有限公司董事长兼总经理
中国摄影家协会会员
2001、2002 年度全国十佳广告摄影师

李楚益

1994 年创立 广州市李氏广告有限公司
广州市广告摄影师专业委员会会长、常委

宋波

2002 年在"中国第四届广告摄影优秀作品展"上获中国十佳摄影师称号
2003 年在"中国第五届广告摄影优秀作品展"上蝉联中国十佳摄影师称号

吴伟文

职业摄影师(香港)，2003 年度全国十佳广告摄影师。
1984 年毕业于香港理工学院摄影系，1992 年自组 Ray Man Photography 影室至今，1994 年开始使用数码摄影技术。

杨璐

2003 年度全国十佳广告摄影师
2003 年设立了 A-ONE STUDIO 杨璐摄影工作室

编委会
Compilation Committee

编委会主任：时学志

Director of the Compilation Committee: Shi Xuezhi

编委会副主任：孙英才　陈永

Deputy-Director Compilation Committee: Sun Yingcai Chen Yong

编委：吴常云　高峻　司苏实

Compilation Commissioner: Wu Changyun Kao Jun Si Sushi

主编：陈永

Chief Editor: Chen Yong

设计总监：何潇　赵金双

Chief Design Director: He Xiao Zhao Jinshuang

设计制作：李广庆

Design & Manufacturing:Li Guangqing

视觉规划：梅高公司

Visual Identity Design: MeiKao Group

印刷监制：崔维光

Printing Supervisor: Cui Weiguang

翻译：招静　康婧

Translator: Zhao Jing Kang Jing

摄影：于志新

FOUNDART
方嘉彩印

图文天地

西区办公：
地址：北京市西直门外交大东路31号
电子楼9层
邮编：100044
电话：010-62233420
传真：010-62271339

东区办公：
地址：北京市朝阳区柳芳南里20号
邮编：100028
电话：010-84488980 010-64337455
传真：010-84488977

成 功 行 者 的 全 程 策 略 伙 伴
梅高精神——马桶精神
马桶有着深刻的文化内涵\是人类文明的尺度\马桶源于自然的质朴本色\靠千锤百炼方成器\沉稳大度\处惊不乱\以热情拥抱压力是马桶的品格\甘于寂寞\严于职守\富于自我牺牲是马桶的精神\马桶能使您舒展到极至\马桶靠自我冲刷\亮丽到永远\梅高人面对客户\甘以马桶为己任\为了您\我们彻底地奉献\使用我\梅高期待您的完全坦诚！
上海梅高创意咨询有限公司　上海南京西路1515号嘉里中心25楼　电话:(021)52986622　传真:(021)52986633　邮编:200040
Meikao 梅高

体验现代，共享成功

《现代广告》2005年征订工作已经全面开始

欢迎各位读者按我刊征订办法尽快办理订阅

《现代广告》杂志始终以高品质、专业化为行刊宗旨，以刊载最新的广告创意作品、实效的营销个案、权威的调查数据、准确的动态信息、强力震撼的重磅专题而享誉企业、媒体和广告业。十年耕耘，铸就了国内广告业领航的方舟。2005年，我刊对发行工作进行大范围调整及优化工作，热忱欢迎国内外期刊发行商，发行部门以及相关公司、企业与我刊洽谈发行推广工作，同时，在发行、广告、经营方面开展多方位，多领域的合作，以求共赢发展。具体方式请和我刊广告发行部联系。

《现代广告》杂志征订单

刊物名称	《现代广告》杂志				
订阅价	153.60元/年(每期12.80元)			零售价	18元/期
订阅人		单位名称			
地址				邮编	
订阅期数	年	期		总价格	元
付款方式	银行汇款 ☐	邮局汇款 ☐	现金 ☐	付款日期	
收款地址	北京市宣武区广安门外大街248号机械大厦909室			邮编	100055
开户行	建行北京西四支行营业部	户名		《现代广告》杂志社	
账号	27300067-76	联系人		郭东来　吴丽君	
电话	010-63317525　63317498　63317499				

特别提示：

本刊在全国各地邮局、广告专业书店、指定书店均可订阅与购买。邮发代号：82-685

登录以下网址进行网上订阅：

http://www.maad.com.cn

http://www.china-aa.org/

http://www.chinesebk.com/

本刊订阅热线：010-63317525或63317499

联系人：郭东来　E-mail：my3007@vip.sina.com

吴丽君　E-mail：kaixin1206@yahoo.com.cn

图书在版编目（CIP）数据

中国广告摄影年鉴·5/陈永主编. －北京：中国摄影出版社，2004.10
ISBN 7－80007－750－0

Ⅰ. 中... Ⅱ.陈... Ⅲ.广告－摄影艺术－作品集－中国－现代 Ⅳ.J422.9

中国版本图书馆CIP数据核字（2004）第110254号

书　　名：中国广告摄影年鉴
主　　编：陈　永
责任编辑：陈　瑾
责任校对：王小陶
装帧设计：梅高公司
出版发行：中国摄影出版社（北京东单红星胡同61号）
　　　　　发行部电话：（010）65136125
邮　　编：100005
制　　版：北京图文天地中青彩印制版有限公司
印　　刷：北京方嘉彩色印刷有限公司
开　　本：16开　　190×270（mm）
印　　张：23
版　　次：2004年10月第1版第1次印刷
印　　数：3000册
ISBN　7-80007-750-0/J·750
定　　价：260元